Armin Treusch

DAS ODENWALD
KOCHBUCH

Zwischen Sandstein und Apfelwein

Über den Autor

Armin Treusch, geboren 1959 in Reichelsheim im Odenwald, kann man sicher als Odenwälder Urgestein bezeichnen. Das Anwesen seiner Familie ist seit mehr als 560 Jahren in ihrem Besitz. Schon 1450 wird es als freies und großes Bauerngut »Druschehube« erwähnt. 1842 wurde eine Gaststätte mit Bäckerei integriert und durch mehrere An- und Umbauten zum heutigen Betrieb mit zwei unterschiedlichen Restaurants entwickelt. Das Gourmet-Restaurant »Treuschs Schwanen« hat einen deutlichen Schwerpunkt auf kreativen Menüs und bietet eine beachtliche Weinauswahl, die sich mit dem begehbaren WeinCabinet als Mittelpunkt im Restaurant den Gästen präsentiert.

Das Odenwald-Gasthaus »Treuschs Johanns-Stube« repräsentiert die traditionelle und bodenständige Küche des Odenwaldes und stärkt mit vielen kulinarischen Besonderheiten den Reiz der Region. Hier wird eine neue Apfelwein-Kultur zelebriert, die sich insbesondere im Ausbau von sortenrein gekelterten Apfelweinen aus alten Hochstammsorten widerspiegelt. Armin Treusch engagiert sich schon seit vielen Jahren für die Produkte der Region und die daraus zubereiteten traditionellen Gerichte. In der Weiterentwicklung sind daraus viele interessante neue Rezepturen entstanden, die zum Teil heute schon als Klassiker gelten. Im Jahr 2000 gründete er mit mehreren Gastronomen die Kooperation »Odenwald-Gasthaus«. Diese steht, mit der eindeutigen und verbindlichen Aussage zu Verwendung regionaler Produkte, unmissverständlich zum Odenwald und präsentiert die Region den Gästen auf kulinarisch reizvollste Art – so schmeckt der Odenwald!

Das wollte ich schon immer mal machen ...
... ein Kochbuch vom Odenwald, das die regionalen Produkte herausstellt und die Region landschaftlich und kulinarisch reizvoll präsentiert. Wunderbar, dass ich hiermit die Gelegenheit erhalten habe. Mit der Kooperation der »Odenwald-Gasthäuser« zeigen wir, wie interessant und vielfältig eine ehrliche Odenwälder Küche

sein kann – mit den besten Produkten der Region, in einer kreativen Zubereitung, verwurzelt mit der Tradition. Dafür stehen die »Odenwald-Gasthäuser« als Gastgeber!
Im Odenwald gibt es keine Agrar-Industrie. Die landwirtschaftlichen Produzenten wissen was sie tun, schauen oft den Verbrauchern ins Gesicht und sind so der Ehrlichkeit und Qualität verpflichtet. Bei vielen Direktvermarktern können die Verbraucher frische Produkte vor Ort einkaufen und sich dabei über deren Produktion informieren.

Armin Treusch

Grußwort des Landrats zum Odenwald Kochbuch

Liebe Freunde der Odenwälder Küche
und solche, die es werden wollen,

»Odenwald – auf Natur umschalten« – mit dieser einprägsamen Zeile wirbt die Region für eine Mittelgebirgslandschaft, die reich an kulturellen und natürlichen Schätzen ist. Dies gilt seit jeher auch für die Odenwälder Küche und in der jüngeren Vergangenheit in besonderem Maße. Hier gelingt dank starker Initiativen leistungsstarker Gastronomen der Brückenschlag von der traditionsbewussten zur modernen, innovativen Kochkunst auf's Beste.

In den 90er Jahren des 20. Jahrhunderts setzten kreative Köpfe und schaffenskräftige Hände Ideen in die Tat um, die anfangs bei vielen Beobachtern ein herablassendes Lächeln, alsbald aber wachsendes Erstaunen hervorriefen. So prägten die »Odenwälder Kartoffelwochen« und die »Odenwälder Lammwochen« einen neuen Trend im – wörtlich genommen – wirtschaftlichen Leben.

Vor diesem Hintergrund und in dem stetigen Bemühen, die gastronomische Anziehungskraft der Region zu stärken, hat sich Armin Treusch für dieses »Odenwald-Kochbuch« engagiert und ein beachtliches Werk zusammengetragen. Sein Markenzeichen bilden die regionalen Produkte und typischen Odenwälder Gerichte, deren Zubereitung sich zum einen an der Überlieferung, zum anderen an modernen, mitunter überraschenden Rezepturen orientiert.

Ich freue mich darüber, dass uns die vorliegende Publikation mehr bietet als »nur« ein Kochbuch: Geschichten und Erzählungen, Bräuche und Anekdoten aus dem und rund um den Odenwald finden wir darin. Bilder einer schönen Landschaft, in der ich Sie gern herzlich willkommen heiße, runden das Werk ab.

Sind Sie auf den Geschmack gekommen?
Dann darf ich Ihnen wünschen:
Guten Appetit im Odenwald!

Ihr Dietrich Kübler
Landrat

Dietrich Kübler – Landrat des Odenwaldkreises

Inhaltsverzeichnis

Das Heidelberger Schloss

Deutsches Elfenbeinmuseum in Erbach:
Faun und Nymphe des Dresdner
Schnitzers Paul Weißenfels (1890)

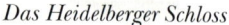

Tief im Odenwald

Das Lied vom Odenwald und von den Odenwäldern

Melodie und Text traditionell

Tief im Odenwald,
steht ein Bauernhaus
so hübsch und fein
drinnen wohnt ein Mägdelein,
die gehört nur mir allein,
die schöne Odenwäldlerin.

Von des Bergeshöh'n
kann man Städtchen sehn,
im Odenwald
da ist mein Heimatland,
wo meine Wiege stand,
im schönen herrlichen Odenwald

Einmal kommt der Tag,
wo man Hochzeit hat
im Odenwald.
da wird sie meine Braut,
die mir schon lang vertraut,
die schöne Odenwäldlerin. :|

Einmal kommt der Tag,
wo man Schlachtfest hat
im Odenwald.
da wird die Sau geschlacht,
und werd zu Worscht gemacht,
im schönen herrlichen Odenwald.

Ein Dankeschön an ...

... die Kolleginnen und Kollegen der »Odenwald-Gasthäuser«

Christoph Bertsch, Heidi und Gerhard Fritz, Sabrina und Jochen Katzmaier, Sandra und Thomas Löw, Carola und Peter Merkel, Andrea und Dieter Mohr, Sigrid und Rainer Schäfer

... die Rezept-Lieferanten

Dieter Baumann, Marianne Daab, Christiane und Christoph Böhm, Christiane Böhm, Regina Böhm, Lisa Edling, Anne Erstfeld, Sylvia Gohlke, Karin Grundmann, Melissa Haas, Cristina Holdemüller, Britta Kohlhage, Dietrich Kübler, Dr. Peter W. Sattler, Brauerei Schmucker, Horst Schnur, Reinhard Schreek, Christel Schwöbel, Barbara Treusch

... die Text-Lieferanten

Bernd Keller, Gerhard Fritz, Hans Herold, Karl Schwinn (†), Freilandmuseum Gottersdorf, Freilandmuseum Keilvelterhof, Odenwald Tourismus GmbH, Geo-Naturpark Bergstraße-Odenwald, Stadt Erbach, Gemeinde Reichelsheim, Jochen Rietdorf, UNESCO Welterbe Grube Messel gGmbH

... die Bild-Lieferanten

Arnold Zörgiebel, Bembel with care, Bernd Keller, Bernhard Koziol GmbH & Co., Christoph Bertsch, Christoph Böhm, DEHOGA Odenwaldkreis, Dieter Baumann, Dieter Walz, Dr. Peter W. Sattler, Freilandmuseum Gottersdorf, Gemeinde Fürth, Gemeinde Grasellenbach, Gemeinde Höchst im Odenwald, Gemeinde Reichelsheim (Jochen Rietdorf), Geo-Naturpark Bergstraße-Odenwald, Gerhard Fritz, Golfclub Odenwald e.V., Gräfliche Rentkammer Erbach, Hans Herold, Heidelberg Marketing GmbH, Horst Schnur, Hugo Friedel, Huther & Karawassilis Bauplan GmbH, IGO Interessengemeinschaft Odenwald e.V., Jürgen Flügge, Kirsten Sundermann, Martina Emmerich, Michel Lang, Molkerei Hüttenthal, Odenwald Tourismus GmbH, Odenwald-Gasthaus e.V. (Angela Schmidt/Obla-Design), Odenwald-Regional-Gesellschaft mbH, Oliver Schröbel, Peter Merkel, Pressedienst Odenwaldkreis, Privat-Brauerei Schmucker, Regionalmuseum Reichelsheim, Rolf Tilly, Stadt Amorbach, Stadt Erbach, Stadt Groß-Umstadt, Stadt Lindenfels (Klaus Johe), Sylvia Gohlke, Tourismus Service Bergstraße e.V., Tourist Information Buchen, UNESCO Welterbe Grube Messel gGmbH, Weingut Edling GbR, Werner Götzinger, Wissenschaftsstadt Darmstadt

Reichelsheim mit der evangelischen Michaelskirche und Schloss Reichenberg

Geschichten und Erzählungen

Die Sonne geht auf.

Saftige Bratäpfel warten auf's Keltern.

Der Odenwald

Das romantische Waldgebirge zwischen Rhein, Main und Neckar

Der Geo-Naturpark Bergstraße-Odenwald öffnet aufmerksamen Besuchern einen ganz neuen Blick auf die Landschaft zwischen Rhein, Main und Neckar. Jahrmillionen haben diese Landschaft geformt. Nachdem zwei Urkontinente aufeinander stießen, kamen deren Gesteine, die teilweise kilometertief in der Erde gebildet worden waren, wieder zum Vorschein. Das Millionen von Jahren andauernde Zusammenspiel zwischen Gesteinsbildung aus geschmolzener Magma, Hebung und Verwitterung an der Oberfläche, führte zur Entstehung der Odenwälder Felsenmeere. Um diese gewaltigen Ansammlungen aus Gesteinsblöcken ranken sich natürlich zahlreiche Sagen und Legenden. Das Felsenmeer am Felsberg bei Lautertal ist das bekannteste unter ihnen.

Die waldreiche Mittelgebirgslandschaft finden wir sowohl auf kristallinem als auch auf Buntsandstein-Untergrund im östlichen und südlichen Odenwald. Dieser Sandstein entstand lange nach der Kollision der Kontinente als Ablagerung von Flüssen einer Wüste. Der kulturgeschichtlich interessierte Besucher findet den typischen roten Buntsandstein im Baumaterial der vielen Schlösser und Burgen wieder. Die Eberstädter Tropfsteinhöhle bei Buchen – ein einmaliges geologisches Naturdenkmal – entstand durch die Auslaugung des Muschelkalks ehemaliger Meeresablagerungen. Gewaltige Absenkungsprozesse ließen am westlichen Rande des Odenwaldes den Oberrheingraben und die Hänge der Bergstraße entstehen, die heute für das milde Mikroklima sorgen, dem wir letztendlich auch den Weinanbau verdanken.

Ganz andere geologische Gegebenheiten nutzten die Menschen im 11. oder 12. Jahrhundert, um eine zum Schutz des Umlandes erforderliche Burg zu bauen: den vulkanischen Basaltkegel Otzberg. Nicht weit von der Veste Otzberg entfernt finden sich Spuren von Vulkanismus anderer Art. Im riesigen Krater eines ehemaligen Maarvulkans befindet sich heute eine der bedeutendsten Fossilienfundstätten der Welt, das UNESCO Weltnaturerbe Grube Messel. Der Geo-Naturpark Bergstraße-Odenwald gehört zu einem unter der Schirmherrschaft der UNESCO stehenden Weltnetz von insgesamt 66 Geoparks. Er bietet Besuchern auf einem 3500 Quadratkilometer großen Gebiet vielfältige Möglichkeiten, die Erdgeschichte mit dem Heute zu verbinden.

Die Friedhofskapelle auf dem Leimberg wurde 1592 von elf Orten des Kirchspiels Reichelsheim errichtet. Im Glockenstuhl vor der Kapelle ist die ehemalige »Vaterunserglocke« der Reichelsheimer Michaelskirche.

Entdeckungsreisen in geschichtsträchtiger Landschaft

Die Wurzeln der Region reichen weit zurück – über 500 Millionen Jahre sind in den Gesteinsschichten dokumentiert. Die Landschaftsformen sind ein Abbild dieses erdgeschichtlichen Untergrundes. Der Westen wird geprägt vom Rheintal mit seiner flachwelligen Riedlandschaft und den Hängen der Bergstraße, die auf Grund ihres milden Klimas auch als der Frühlingsgarten Deutschlands bezeichnet wird. Der Odenwald erreicht auf dem Katzenbuckel eine Höhe von 626 Metern über NN und zeichnet sich durch eine reizvolle, waldreiche und hügelige Landschaft mit teils tief eingeschnittenen Tälern aus. Der Main im Osten und das Neckartal im Süden bilden den attraktiven Rahmen der Geo-Naturpark-Region.

Die Besiedlung der Region folgte zunächst den drei Flüssen Rhein, Main und Neckar, die seit Menschengedenken Lebensader und Bindeglied innerhalb der Region sind. Entlang dieser Wasserwege haben Frühmenschen, steinzeitliche Jäger, Kelten und Römer ihre Spuren hinterlassen und das Rheintal, die Bergstraße und den Odenwald besiedelt.

11

Das historische Rathaus von Michelstadt

Die Spuren ehemaliger staatlicher und kirchlicher Macht sind noch heute zu sehen. Zeugen sind das UNESCO Welterbe Kloster Lorsch mit der karolingischen Königshalle, die Einhardsbasilika in Michelstadt-Steinbach sowie die zahlreichen Burgen und Schlösser aus dem Mittelalter.

Sagenhaft schöne Landschaft rund um Burgen und Schlösser

Die unverfälschte Naturlandschaft mit gesunder Luft, romantischen Tälern und Flussläufen, Bächen und Seen lädt zum Wandern und Radwandern auf gut markierten Wegen ein und hat einen vorzüglichen Erholungswert. Viel zu schauen gibt es in den Orten mit historischen Stadtkernen und altehrwürdige Gemäuer entführen in die Vergangenheit: zum Beispiel Michelstadt mit dem Rathaus »auf Stelzen«, Erbach mit dem Deutschen Elfenbeinmuseum und den Gräflichen Sammlungen im Schloss, Lindenfels mit der Burgruine hoch über der Stadt und das Lichtenberger Schloss in Fischbachtal.

Die herrlich grüne Landschaft des Odenwaldes

Spinnennetz im Morgentau

Eine besondere Rolle spielt die Jugendstilstadt Darmstadt: mit Ausstellungsgebäude, Hochzeitsturm, Museum Künstlerkolonie und prächtigen Künstlerhäusern aus der Zeit des Jugendstils, besitzt dieser Musenhügel ein unverwechselbares Flair. Für historisch Interessierte attraktiv ist auch der Limes mit seinen Wachthäusern, Kastellen und Türmen, die Villa Haselburg bei Höchst und der dreischläfrige Galgen bei Beerfelden.

Genussvolles Essen und Trinken wird im Odenwald gepflegt. Besonders authentisch sind die »Odenwald-Gasthäuser«, die unter dem Motto »Sagenhaft...! Natürlich aus der Region« ausschließlich heimische Produkte verwenden. Gefeiert wird im Odenwald das ganze Jahr über: Volks- und Heimatfeste, Kunsthandwerk- und Bauernmärkte und eine Vielzahl von kulturellen Veranstaltungen – am liebsten mit Gästen.

Die Veste Otzberg auf dem Otzberg am Nordrand
des Odenwaldes ist von weitem sichtbar. Vom Bergfried,
»Weiße Rübe« genannt, kann man bis nach Frankfurt schauen.

13

Treuschs Apfelweine

Forellenroulade im Kräuterpfannkuchen

Von Christoph Bertsch, Odenwald-Gasthaus »Zum Schützenhof«, Reichelsheim-Gumpen

200 g Mehl	mit
1 Ei	
100 ml Milch	
3 EL Kräuter (gehackt),	zu einem glatten Pfannkuchenteig rühren und mit
Salz, Muskat	würzen. Daraus in einer Pfanne mit
Butterschmalz	4 dünne, helle Pfannkuchen backen. Jeweils einen auf ein Stück Klarsichtfolie legen.
200 g Lachsforelle (gebeizt)	in dünne Scheiben schneiden und darauf verteilen.
200 g Forellenfilet (frisch)	

> *Dazu ein Bukett mit verschiedenen Blattsalaten, angemacht mit Weißwein-Vinaigrette.*

200 g Forellenfilet (geräuchert)	
3 Eiklar	
2 EL Crème fraîche	und
100 ml Sahne	in ein hohes Gefäß geben und daraus mit dem Pürierstab eine glatte, geschmeidige Masse herstellen.
2 – 3 Zweige Dill	fein schneiden und unter die Forellenmasse mischen. Dabei mit
Salz, Pfeffer	würzen. Diese Masse auf den Pfannkuchen gleichmäßig verstreichen und dann zu einer Roulade aufrollen. Fest in die Klarsichtfolie und zusätzlich noch in Alufolie einrollen. Die Rolle muss an den Seiten gut verschlossen sein. Im vorgeheizten Backofen bei 100 °C für 45 Minuten garen. Dabei eine Schale mit Wasser auf den Backofenboden stellen, damit etwas Dampf erzeugt wird.

Der Forellenstrudel kann lauwarm oder kalt serviert werden. Dazu aus der Folie nehmen und in schräge Scheiben schneiden.

> *Ein trockener Riesling von der Bergstraße oder ein trockener Silvaner aus Groß-Umstadt eignen sich als Begleitung.*

14

Die Büste Alexanders des Großen aus dem 2. Jahrhundert n.Chr. gehört zu den Spitzenexponaten der Gräflichen Sammlungen und ist die beste römische Kopie nach einem griechischen Original. Der Feldherr ist nicht als stürmischer Welteroberer, sondern als stiller, göttergleicher Jüngling dargestellt.

Odenwälder Pilzsalat

Von Dr. Peter Sattler, Mossautal

600 g Steinpilze (klein)	in sehr dünne Scheiben schneiden und in einer Pfanne mit
2 EL Rapsöl	etwa 10 Minuten dünsten. Die Pilze in eine größere Schüssel geben.
4 Tomaten	vierteln, das Innere herausnehmen und das Tomatenfleisch in Streifen schneiden.
4 Eier (hart gekocht)	grob hacken.
100 g Schinken (roh)	in Streifen schneiden.
1 kleine Zwiebel	fein würfeln. Alles zusammen mit den Pilzen vermischen, mit
Salz, Pfeffer (frisch gemahlen)	
Estragonessig	und
Sonnenblumenöl	anmachen.

15

Dazu serviert man frisches Weißbrot. Zu dem Salat passen auch gebratene Hähnchenbruststreifen oder geräucherte Forelle. Ergänzen können Sie den Salat mit Käsestreifen.

Herbststimmung auf der Beerfurther Höhe

Der Maronenröhrling ist einer der beliebtesten Speisepilze.

Maultaschen mit Lammfüllung auf Bärlauchsoße

Von Gerhard Fritz, Odenwald-Gasthaus »Zum Kreiswald«, Rimbach-Kreiswald

Die Vorbereitung

250 g Mehl, 2 Eier	und
1 EL Öl	
Salz	in eine Schüssel geben, zu einem festen Nudelteig kneten, in Frischhaltefolie einpacken und 30 Minuten bei Zimmertemperatur ruhen lassen.

Die Füllung

2 Frühlingszwiebeln	in feine Ringe schneiden und in
50 g Butter	andünsten. Diese dann zu
350 g Lammhackfleisch	geben.
35 g Semmelbrösel	
1 Ei, 2 EL Wasser	dazugeben und gut verkneten. Mit
Salz, Pfeffer	würzen. Den Nudelteig mit der Nudelmaschine in dünne, lange Bahnen ausrollen und auf eine mit
Mehl	bestäubte Unterlage legen. Die Lammhackfleischmasse auf die Mitte der Nudelbahnen geben. Die Ränder mit
1 Ei (verquirlt)	einstreichen. Die Nudelbahnen zusammenrollen und mit einem Kochlöffel oder Messer 4 cm lange Maultaschen abtrennen. Die Maultaschen in
Salzwasser (leicht kochend)	gut 10 Minuten garen.

16

Burg Hornberg, Neckarzimmern – die Burg des Ritters Götz von Berlichingen – gilt als älteste und größte Burganlage am Neckar, auf deren Fläche Besiedlungen bis in die Keltenzeit um 400 v.Chr. nachgewiesen sind. Schon 1184 wird sie als Weingut erwähnt und ist somit das älteste Weingut des Landes.

Die Soße

1 kleiner Bund Bärlauch	in Streifen schneiden und in
20 g Butter	andünsten. Mit
200 ml Gemüsebrühe	und
200 ml Sahne	auffüllen, etwas einkochen lassen. Mit
Salz, Pfeffer, Muskat	abschmecken und mit dem Pürierstab fein mixen. Die Soße bei Bedarf mit etwas
Stärke	binden.

Die Bärlauchsoße auf Teller geben und die Lammmaultaschen darauf setzen. Mit etwas frischem Bärlauch garnieren. Dazu schmeckt ein fruchtiger, trockener Müller-Thurgau oder ein leichter Apfelwein. Die Maultaschen lassen sich auch mit jedem anderen Fleisch herstellen.

Rast am Teich

Blick ins Eberbacher Tal

Kartoffel-Kürbis-Soufflé auf Pfifferlingen in Kräuterrahm

Von Dieter Baumann, »Zum Stern«, Rüdenau

Das Kartoffel-Kürbis-Soufflé

300 g Pellkartoffeln (kalt)	fein reiben und in eine Schüssel geben.
200 g Kürbisfleisch	in 1 cm große Würfel schneiden und in
50 g Butter	glasig anschwitzen. Diese mit
50 ml Sahne, 3 Eigelb	zu den Kartoffeln geben.
1 Bund Schnittlauch	in feine Röllchen schneiden. Ebenfalls dazugeben und mit
Salz, Pfeffer, Muskat	würzen. Alles zusammen gut vermengen.
3 Eiklar	sehr steif schlagen und unter die Kartoffelmasse heben. 4 feuerfeste Förmchen mit
Butter	ausstreichen und die Masse gleichmäßig einfüllen. Im vorgeheizten Backofen bei 180 °C etwa 20 Minuten garen, bis das Soufflé eine goldbraune Farbe hat.

18

Pfifferlinge in Kräuterrahm

600 g Pfifferlinge	putzen,
1 kleine Zwiebel	fein würfeln und in heißem
Butterschmalz	mit den Pfifferlingen leicht anbraten. Mit
100 ml Gemüsebrühe	und
200 ml Sahne	ablöschen und etwas einkochen lassen. Mit
Salz, Pfeffer	würzen und kurz vor dem Anrichten
1 EL Gartenkräuter (gehackt)	sowie
1 EL Sahne (geschlagen)	zugeben. Die Pfifferlinge auf Tellern verteilen und das Kartoffelsoufflé in die Mitte setzen. Jeweils mit einem
Kräutersträußchen	garnieren.

> *Als Gartenkräuter empfehlen wir Petersilie, Schnittlauch, Kerbel. Dazu kann man auch eine gebratene Hähnchenbrust oder Rehschnitzel (Rezept Seite 124) reichen.*

Wer hat die schönsten Pilze?

Reh-Maultaschen

Von Karin Grundmann, Wald-Michelbach

Die Vorbereitung

200 g Weizenmehl (Type 405)	und
3 Eier	mit
1 TL Öl	zu einem festen Nudelteig verkneten und diesen mindestens 1 Stunde in Frischhaltefolie verpackt ruhen lassen.

Die Füllung

200 g Rehfleisch	durch die feine Scheibe des Fleischwolfes drehen,
100 ml Sahne (gut gekühlt)	zugeben.
100 g frische Pilze	klein hacken.
Zitronenschale	sowie
Majoran, Thymian, Rosmarin	fein hacken und mit den Pilzen vermischen. Mit
Salz, Pfeffer (weiß, frisch gemahlen)	würzen. Die Pilzmischung zur Hackfleischmasse geben und alles abschmecken.
	Den Nudelteig sehr dünn ausrollen und daraus etwa 8 cm große Quadrate schneiden. Darauf je einen Teelöffel der Rehhackfleischmasse in die Mitte setzen. Zu Dreiecken zusammenfalten und die Ränder mit einer Gabel zudrücken. In
Salzwasser	7 bis 8 Minuten leicht kochen lassen.

19

Für die Pilzmischung empfehle ich Champignons und Steinpilze. Zu den Maultaschen passt eine Soße aus Bratenfondgrundlage mit vielen Kräutern. Man kann die Maultaschen noch mit geriebenem Nibelungenkäse bestreuen.

Die Wälder und Wiesen des Odenwaldes bringen viele schmackhafte Pilze. Am Forsthaus Almen bei Fürth gibt es einen Pilzlehrpfad. Hier werden die gesammelten Pilze geprüft und geputzt.

Lebenslang in Schmackhaft

Kooperation »Odenwald-Gasthaus« kitzelt Genießergaumen mit regionalen Reichtümern

Die Internationalisierung feiert in Deutschland auch in der Gastronomie furios ihren Einzug. Schon lange preist man die Pizza von Paolo oder lobt die Paella von Pedro. Das ist gut so, denn Vielfalt macht Freude. Wer kennt aber noch die guten Gerichte aus Großmutters Küche? Da ist die Tendenz zum Vergessen doch recht groß. Auch im Odenwald, einer Region, in der sich die Menschen einst durch ihre bedingungslose Bodenverbundenheit auszeichneten. Was hier die Erde hervor-bringt, was dort Weide, Acker und Wald den Bewohnern schenken, gilt es wieder schätzen und bewahren zu lernen. Die Kooperation »Odenwald-Gasthaus«, der acht Restaurantbetriebe angehören und die mit über 40 lokalen Zulieferern arbei-tet, hat sich dies zur Aufgabe gemacht.

Vieles gibt es neu zu entdecken. Man will weder im Einheitsbrei rühren, noch fremde Suppen auslöffeln. Denn der heimische Tisch ist reich gedeckt. Die famili-engeführten Betriebe lassen sich gerne in die Töpfe gucken. Da wundert es nicht, dass schon so mancher von den Odenwälder Gerichten zu lebenslanger Schmack-haft verurteilt wurde! Die Wirte sehen den lokalen Einkauf als Ehrensache an. Dafür legen sie die Hand ins Herdfeuer. Streng sind die freiwillig auferlegten Re-geln, eng die selbst angelegten Fesseln: So kann man den Odenwald auf der Zunge spüren! Echt und unverfälscht. Denn serviert wird nur, was auch von hier kommt. Indizien sind den Wirten zu wenig, sie liefern Beweise: Die Speisekarten zeugen als beglaubigtes Dokument von der Einhaltung der gegebenen Gesetze.

Alle Lieferanten sind dokumentiert und dingfest gemacht! So hat Odenwälder Herkunft eine zuversichtliche Zukunft. Die Kooperation »Odenwald-Gasthaus« legt dem Gast ein ehrliches Stück Odenwald in den Mund, lässt ihn Platz nehmen an der Schmeckbar einer Heimat mit Herz. Jeder kocht natürlich sein eigenes Süppchen, schließlich ist Individualität der absolute Trumpf. Die Lokale berei-chern sich somit gegenseitig in unverwechselbarer Qualität und bedingungsloser Glaubwürdigkeit. Da verfällt man gerne der Qual der Wahl und folgt freiwillig den gelb gestreiften Fahnen mit dem grünen Logo.

Immer lecker – Käse und Wein aus dem Odenwald

Das Credo der kreativen Köche lautet: Nur was in regionaler Wertschöpfung erschaffen wurde, kann im Kochtopf seine einzigartige Geschmacksnote entfalten. Denn kritische Kunden fordern eine kompromisslose Küche. Die Kooperation »Odenwald-Gasthaus« gewährleistet dies. Und gute Gäste verdienen ehrliches Essen. Die Kooperation »Odenwald-Gasthaus« verspricht und erzeugt vorzügliche Qualität. So fungiert der Verbund als kulinarisches Aushängeschild der Region, als veritable Visitenkarte für erstklassige Einkehr. Kurze Transporte, nachvollziehbare Wege und eine unnachahmliche Frische sind nur drei Eckpfeiler in den umfassenden Statuten.

Teilfertigprodukte der Convinience-Kultur lehnen die Köche rigoros ab. Auf das Schärfste verurteilen sie künstliche Produkte wie Formschinken oder Analogkäse. Da kocht den Gastronomen die Galle über! Dies hat nichts mit der gediegenen Genusskultur einer gewachsenen Landschaft zu tun. Wer in einem der acht Odenwald-Gasthäuser einkehrt, bekommt die Forellenfilets direkt vom frischen Fisch, erhält den Schinken vom wahrhaftigen Schwein und isst seinen Käse aus vollwertiger Milch.

Übrigens: Abwechslung ist immer angesagt. Die Küchen greifen saisonale Angebote auf und zaubern daraus tagtäglich tolle Speisen. Ehrlich und nachhaltig, frisch und gesund, natürlich und unverfälscht, authentisch, echt und partnerschaftlich. Dies sind für die Kooperation »Odenwald-Gasthaus« keine Worthülsen, sondern die gelebte Philosophie ausgewiesener Genusshandwerker. Denn die sind mit Leib und Seele beratungsresistente Überzeugungstäter. Schon mancher Gast hat sich in lebenslange Schmackhaft begeben. Und vorzeitige Entlassungen erfolgreich abgelehnt! Guten Appetit.

Sagenhaft…! Natürlich aus der Region.

Die Köche der Odenwald-Gasthäuser sind immer auf der Suche nach den besten Produkten der Region.

Rehschinken auf Apfel-Lauchsalat

200 g Rehschinken (dünn geschnitten)	auf Tellern anrichten.
2 Äpfel (Boskop)	halbieren, das Kerngehäuse entfernen und in gleichmäßige Streifen schneiden.
150 g Lauch	quer in Streifen (½ Zentimeter breit) schneiden und in kochendem
Salzwasser	kurz blanchieren. Diese dann in kaltem Wasser abschrecken, abtropfen lassen und zu den Äpfeln geben. Den Salat mit
1 EL Joghurt	
1 – 2 EL Apfelessig	
1 – 2 EL Walnussöl	sowie
Salz, Pfeffer und Zucker	anmachen. Den Salat zum Rehschinken setzen und mit einigen
Feldsalatblättchen	garnieren.

22

> *Das Rezept lässt sich auch mit Wildschweinschinken oder jedem anderen Schinken zubereiten. Den Lauch kann man durch Sellerie ersetzen.*

Odenwälder Schnee-Landschaft

Winterrambour – ein saftiger, knackiger Apfel

Rollmops von Odenwälder Bachforellen

3 Bachforellen filieren. Dazu zuerst den Kopf abschneiden. Dann vom Rücken beginnend die Filets von den Gräten schneiden. Die Flossen abschneiden und vom Schwanz her die Filets von der Haut schneiden. Mit einer kleinen Zange oder Pinzette die restlichen Gräten herausziehen. Die Filets nun auf der Grätenseite mit etwas

Weißweinessig einpinseln. Das Fischfleisch wird durch die Säure etwas fester und leicht milchig.

1 Gewürzgurke längs vierteln und in Stücke schneiden, die so lang sind wie die Filets breit. Die Gurkenstücke auf die Schwanzspitze der Filets legen und einrollen. Mit einem Zahnstocher feststecken und in eine Schüssel setzen.

Der Sud

50 g Karotten und

50 g Lauch in Scheibchen schneiden. Mit

100 ml Weißweinessig

300 ml Weißwein sowie

1 Lorbeerblatt

5 Wacholderbeeren

> *Dazu schmeckt ein kräftiges Bauernbrot mit Butter.*

2 Nelken und

1 TL Pfefferkörner aufkochen. Den Sud auf 35 °C abkühlen lassen und über die Rollmöpse geben. Mindestens 2 Stunden ziehen lassen, über Nacht ist noch besser.

23

> *Mit einem bunten Salatbouquet, Kräuterschmand (Rezept Seite 157) und einem Löffelchen Forellenkaviar wird aus dem Gericht eine feine Vorspeise.*

Obstbaumblüte im Odenwald

Sommer-Kartoffelsalat mit frischen Kräutern

Ein Lieblingsgericht von Landrat Dietrich Kübler

1 kg Kartoffeln (festkochend)	in
Salzwasser	kalt aufsetzen. Sobald sie gar sind, das Wasser abschütten und die Kartoffeln pellen. In dünne Scheiben in eine Schüssel schneiden.
1 Zwiebel	fein würfeln, mit etwas
Butter	anschwitzen, mit etwa
200 ml Apfelessig	ablöschen und um ein Drittel einkochen lassen. Nun
200 ml Fleischbrühe	und
1 EL Senf (mittelscharf)	zugeben. Diesen noch einmal um ein Drittel einkochen lassen und über die Kartoffeln gießen. Vermischen und 30 Minuten ziehen lassen. Während dessen
1 Paprika (rot)	fein würfeln und
1 Zucchini	in Scheiben schneiden. Beides mit etwas
Rapsöl	anbraten.
200 g Gewürzgurken	in Scheiben schneiden und alles in die Schüssel geben. Nach Geschmack verschiedene
Kräuter	mit einem scharfen Messer fein hacken, mit etwa
100 ml Rapsöl	unter den Salat heben. Einige Minuten ziehen lassen und vor dem Servieren noch einmal abschmecken.

24

Als Kräuter empfehle ich je nach Wunsch und Verfügbarkeit: Schnittlauch, Petersilie, Pimpinelle, Kresse oder auch andere Kräuter. Dazu schmecken Odenwälder Bratwürste, gegrilltes Fleisch oder gebratene Forellen.

Bauerngarten Freilandmuseum Keilvelterhof

Weinbergschnecken in Kräuterkruste

Von Jochen Katzmaier, Hotel »Haus Schönblick«, Mossautal-Güttersbach

Das Graupenrisotto

1 Schalotte	in feine Würfel schneiden und in
20 g Butter	andünsten.
100 g Graupen	waschen, zugeben und mit
100 ml Weißwein	ablöschen. Aufkochen lassen und nach und nach
Gemüse- oder Geflügelfond	unter Rühren zugeben, bis die Graupen weich sind.

Das Petersilienpesto

1 Bund Blattpetersilie	waschen, trocken tupfen und die Blätter abzupfen. Zusammen mit
1 Knoblauchzehe	
30 g Käse	
100 ml Sonnenblumenöl	und
100 ml Olivenöl	fein mixen.

Die Fertigstellung

24 Weinbergschnecken	auf einem Küchentuch trocknen. Dann zuerst in
Mehl	wenden. In verquirltem
Ei	und danach in
Semmelbrosel	panieren. In heißem
Butterschmalz	goldgelb braten. Den Graupenrisotto nun mit
50 g Käse (gerieben)	cremig rühren.
1 EL feine Gemüsewürfel (Karotte, Lauch, Sellerie)	zugeben und großzügig Petersilienpesto unterheben. Damit soll der Risotto schön grün werden und intensiv nach Petersilie schmecken. Die Schnecken auf dem Risotto anrichten und mit frittierter
Petersilie	garnieren.

Wanderweg bei Kleinheubach mit einer typischen Trockenmauer aus Sandstein

Schneckenkrapfen auf Gemüseragout

100 ml Wasser	mit
20 g Butter	aufkochen.
100 g Mehl	dazugeben und bei ständiger Hitze mit dem Rührlöffel schnell glattrühren, so dass sich ein fester Ballen bildet. Die Masse etwas abkühlen lassen und
1 Ei	unterrühren.
200 g Pellkartoffeln	fein reiben und unter die Masse mischen. Dabei mit
Salz, Muskat	würzen.
30 g Dörrfleischwürfel	und
30 g Zwiebelwürfel	anschwitzen und mit der Kartoffelmasse vermischen. Die Masse in 24 Krapfen teilen.
24 Weinbergschnecken	in die Krapfen drücken und die Schnecken damit verschließen. Die Krapfen in
Semmelbrösel	rollen und in
Fett	schwimmend goldbraun und knusprig backen.

26

Das Gemüseragout

20 g Mehl	in
20 g Butter	anschwitzen und mit
300 ml Milch	und
100 ml Sahne	aufgießen. Schnell glattrühren und aufkochen.
400 g Gemüse (gegart)	in Würfel oder kleine Stücke teilen und in die Soße geben. Mit
Salz, Pfeffer, Muskat	würzen und frisch gehackte
Kräuter	dazugeben. Die Schneckenkrapfen auf dem Gemüseragout anrichten.

Als Gemüse eignen sich Karotten, Zucchini, Lauch, Brokkoli, Blumenkohl, Kohlrabi oder Sellerie.

Sarolta-Kapelle in Fränkisch-Crumbach im Schlosspark der Freiherren von Gemmingen-Hornberg

Schneckenravioli in Salbeibutter

Die Vorbereitung

175 g Mehl	mit
2 Eier	und
1 EL Öl	zu einem glatten Nudelteig kneten. In Frischhaltefolie einrollen und 1 Stunde ruhen lassen.

Die Füllung

1 kleine Zwiebel	und
1 Knoblauchzehe	fein würfeln und in
40 g Kräuterbutter	andünsten.
24 Weinbergschnecken	dazugeben und mit
Salz, Pfeffer (weiß, frisch gemahlen)	würzen.
	Den Nudelteig dünn ausrollen und Kreise mit etwa 6 cm Durchmesser ausstechen. Die Hälfte der Teigkreise mit Eiklar bestreichen. Darauf die Weinbergschnecken setzen. Die anderen Teigkreise darüber schlagen und fest andrücken. In
Salzwasser	kochen.
10 Salbeiblätter	in feine Streifen schneiden und in
20 g Butter	erhitzen, bis der Salbei leicht knusprig wird.
200 g Zwiebelwürfel	in
20 g Butter	bis zu leichter Bräune rosten. Die Ravioli anrichten, die Salbeibutter darüber und die Röstzwiebel darum herum geben.

27

Die »Buchener Faschenacht« mit uraltem, traditionellem Hintergrund ist ein überregionaler Anziehungspunkt.

Erdrübeneintopf mit gepökeltem Eisbein

Von Christel Schwöbel, Reichelsheim-Gumpen

600 g Erdrüben (Steckrüben)	schälen und in 1 cm große Würfel schneiden.
300 g Kartoffeln	schälen und
300 g Karotten	putzen. Beides in etwa 2 cm große Würfel schneiden. Alle Zutaten in dieser Reihenfolge in einen Topf einschichten und mit Wasser bedecken. Mit
Salz, Pfeffer	würzen.
1 kg Eisbein (gekocht, gepökelte Schweinshaxe)	in Scheiben schneiden, dazugeben.
100 g Schinkenreste (Schwarte, Randstück)	darauf legen. Aufkochen lassen und bei geringer Hitze – so dass es gerade noch kocht – zugedeckt rund 45 Minuten garen. Die Schinkenreste entfernen. Das Eisbein in Stücke schneiden.

28

Dazu serviert man ein kräftiges Bauernbrot und ein herzhaftes Bier.

Die Starkenburg über Heppenheim. Die Burg wurde 1065 als Schutz für das Kloster Lorsch errichtet. Der Name Starkenburg ist gleichzeitig auch die Bezeichnung für den südhessischen Bezirk.

Das Bullauer Bild, in der Nähe von Bullau, ist in einer Buche eingewachsen. Das eingemeißelte Aufstellungsjahr ist 1561.

Markklößchen

Von Dieter Mohr, Odenwald-Gasthaus »Mümlingsstube«, Erbach

100 g Rindermark	in einem kleinen Topf bei mäßiger Hitze langsam auslassen. Das flüssige Mark etwas abkühlen lassen.
1 Brötchen (vom Vortag)	halbieren und in
Wasser (lauwarm)	einweichen. Danach ausdrücken und in eine Schüssel geben.
1 Ei, 1 EL Grieß	
Salz, Pfeffer	und
1 EL Petersilie (frisch gehackt)	zugeben und gut vermischen. Das flüssige Mark unterrühren und dabei noch etwas
Semmelbrösel	zugeben. Nun ein Probeklößchen rollen und in kochendes
Salzwasser	geben. Wenn das Klößchen nicht zerfällt, ist die Masse gut. Ansonsten noch etwas Semmelbrösel in die Masse kneten. Die Klößchen dann alle rollen und in das kochende Salzwasser geben, aufkochen lassen und bei geringer Hitze gar ziehen lassen.

29

Markklößchen sind die typische Einlage für eine Grünkernsuppe oder Fleischbrühe.

Wandern auf dem Alemannenweg, dem etwa 120 Kilometer langen, zertifizierten Qualitätswanderweg mit vielen Burgen und interessanten Felsformationen

Der Alemannenweg ist hervorragend ausgeschildert.

Apfel-Kürbis-Suppe

Von Thomas Löw, Odenwald-Gasthaus »Zum Löwen«, Brombachtal

150 g Äpfel	und
250 g Kürbisfleisch	in große Würfel schneiden.
1 Zwiebel	in feine Würfel schneiden. Diese Zutaten mit
1 EL Zucker	in einem Topf in
30 g Butterschmalz	so andünsten, dass es leicht karamellisiert. Mit
500 ml Apfelwein	ablöschen.
1 TL Ingwerwürfelchen	zugeben, gut einkochen lassen. Mit
250 ml Fleisch- oder Gemüsebrühe	auffüllen und 30 Minuten leicht kochen lassen. Dann die Suppe mit einem Pürierstab fein mixen und durch ein Sieb passieren.
150 ml Sahne (geschlagen)	unterheben. Auf die angerichtete Suppe etwas
Holundersaft	geben.

30

Die Altstadt von Miltenberg mit dem Hotel »Zum Riesen«, das vermutlich das älteste Gasthaus Deutschlands ist.

Die Kürbis-Schlepper

Apfelwein-Zwiebelsuppe

Von Peter Merkel, Odenwald-Gasthaus »Dornrös'chen«, Höchst-Annelsbach

500 g Zwiebeln	schälen und in Streifen schneiden.
2 EL Butterschmalz	in einem Topf erhitzen und darin die Zwiebeln so lange schmoren, bis sie ganz leicht Farbe bekommen. Nun mit
400 ml Apfelwein	ablöschen. Mit
200 ml Gemüse- oder Fleischbrühe	und
200 ml Apfelsaft	auffüllen.
1 TL Thymian (getrocknet)	und
2 TL Estragon (getrocknet)	zugeben, mit
Pfeffer und Muskat	würzen.
1 – 2 Knoblauchzehen	fein würfeln, ebenfalls zugeben und alles 20 Minuten leicht kochen lassen. Zum Schluss mit
Salz	abschmecken. Beim Anrichten einige
Brotwürfel (geröstet)	auf die Suppe geben. Dann
Hartkäse (gerieben)	und
Schnittlauch oder Petersilie	darüber streuen.

31

Blick über die abwechslungreichen Kuppen des Odenwaldes

Geschafft! Die Äpfel sind geerntet.

Grünkerneintopf von der Ente

2 l Wasser	in einem größeren Topf zum Kochen bringen.
2 Entenkeulen (à 350 g)	und
1 Bund Suppengemüse	in das Wasser geben. Mit
Salz, Pfeffer	würzen.
1 kleine Zwiebel	halbieren und auf den Schnittflächen in einer trockenen Pfanne gut bräunen, dann zur Brühe geben. Das Ganze so lange kochen lassen, bis die Entenkeulen weich sind. Die Keulen herausnehmen und die Brühe durch ein Sieb passieren.
250 g Grünkern (ganz)	mit 1,2 Liter der Entenbrühe aufkochen lassen. Bei geringster Hitze garen (etwa 30 bis 45 Minuten). In der Zwischenzeit
400 g Gemüse	putzen, würfeln und etwa 10 Minuten in der Brühe mit kochen lassen.
	Das Entenfleisch von den Knochen lösen und die Haut entfernen. Das Fleisch in größere Würfel schneiden und in den fertigen Eintopf geben. Zum Schluss noch
1 kleinen Bund Petersilie	fein hacken, dazugeben und abschmecken.

Das Gericht lässt sich auch mit Hähnchen, Pute oder Gans zubereiten. Als Gemüse eignen sich etwa Karotten, Sellerie, Lauch, Zucchini, Blumenkohl, Kohlrabi und Brokkoli.

32

Der halbreife Dinkel wird geerntet.

Herrlich gelb blühender Raps

Grünkernsuppe mit Steinpilzen

Von Gerhard Fritz, Odenwald-Gasthaus »Zum Kreiswald«, Rimbach-Kreiswald

200 g Steinpilze (frisch)	davon 12 schöne, große Scheiben schneiden, den Rest grob hacken.
30 g Butter	in einem Topf zerlaufen lassen. Mit
80 g Grünkern (mittelfein geschrotet)	und den gehackten Steinpilzen gut anschwitzen.
800 ml Fleischbrühe	dazugeben, aufkochen und bei geringer Hitze 30 Minuten ziehen lassen. Die Suppe mit
Salz, Pfeffer	und
Muskat	abschmecken. Die Steinpilzscheiben mit etwas
Butter	in einer Pfanne goldgelb braten und auf die angerichtete Suppe legen.

Die Dinkelkörner werden auf dem Reff abgestreift.

33

Der Steinpilz – der König der Waldpilze

Was ist eigentlich Grünkern?

Grünkern ist das unreife Korn des Dinkel, der vermutlich durch eine Mutation von älteren, steinzeitlichen Weizensorten wie Emmer oder Einkorn entstanden ist. Bis Ende des 19. Jahrhunderts war Dinkel eine der Hauptgetreidearten Südwestdeutschlands und hatte als Brotgetreide eine große Bedeutung. Der südöstliche Odenwald und das angrenzende Bauland sind auch heute noch eine Hochburg des Grünkernanbaus. Die Firma Knorr – 1838 in Heilbronn gegründet – handelte seit 1867 mit Grünkern und stellte schon 1872 Suppen aus Grünkern her. Doch wie kam es nun zum Grünkern? In Jahren mit schlechter Witterung, durch Unwetter mit Gewitter, Sturm oder Hagel, wurden die Halme schon früh zu Boden gedrückt, so dass die halbreifen Getreidekörner nicht mehr reif werden konnten. So drohte dadurch eine Missernte mit Hunger. Also wurden die unreifen Ähren geschnitten und die abgestreiften Körner in großen Pfannen über Feuer gedarrt (getrocknet). Nun konnte man die trockenen Getreidekörner aufbewahren. Aber auch ein anderer Effekt stellt sich ein: Grünkern schmeckt anders! Durch das Erwärmen und Rösten beim Darren verändert sich der Geschmack des Getreides. Es bekommt einen leicht malzigen, süßlichen Geschmack. Und dieser besondere Geschmack ist es, der uns heute begeistert.

Einstmals aus der Not geboren, ist heute der Genuss die Hauptsache. Neben der weit bekannten Grünkernsuppe – in unzähligen Varianten – gibt es eine Vielzahl von Gebäcken und anderen Zubereitungen. Die in den 1980er Jahren einsetzende Vollwertkostwelle bescherte dem Grünkern eine weitere Beachtung, die mit Aussagen von Hildegard von Bingen und mittelalterlichen Ärzten zur gesundheitlichen Ernährung und medizinischen Aspekten einen hohen Stellenwert hatten. Dass die gedarrten, grünen Körner bei Festspeisen in früheren Zeiten etwas Besonderes waren, ergibt sich daraus, dass damals die Beilagen wie Mehlspeisen oder Gemüse sehr einfach ausgefallen sind und es so wenig geschmackliche Abwechslung gab. Wegen dem Fehlen von feinem Mehl und Zucker waren Nachspeisen oder Kuchen, wie man sie heute kennt, auch nicht herzustellen. So waren die malzigen und würzig schmeckenden Körner eine willkommene und genussvolle Bereicherung für die Zubereitung der Sonntags- oder Festmahle.

Die Erntezeit für Grünkern beginnt Mitte Juli. Zu diesem Zeitpunkt findet alljährlich im Freilandmuseum Gottersdorf das traditionelle »Grünkernfest« statt. Hier kann man die traditionelle Ernte und Verarbeitung direkt erleben und vielfältige Grünkerngerichte probieren.

Getreidefeld im Odenwald

Geröstete Grünkernsuppe

Von Dieter Mohr, Odenwald-Gasthaus »Mümlingstube«, Erbach

1 kleine Zwiebel	in feine Würfel schneiden und in einem Topf in
30 g Butterschmalz	andünsten.
200 g Grünkerngrieß (fein)	zugeben, unter ständigem Rühren leicht anrösten. Mit
500 ml Fleischbrühe	aufgießen.
50 g Karotten	und
50 g Lauch	in kleine Stücke schneiden. Alles zu der Brühe geben. Mit
Salz und Muskat	würzen. Dann bei geringer Hitze kochen lassen, bis der Grünkern weich ist. Zuletzt noch einmal abschmecken.

> *Dazu passen hausgemachte Markknödel (Rezept Seite 29).*

35

Die »Krautbütt«, das so im Volksmund genannte Bollwerk von Lichtenberg

Grünkerndarre im Freilandmuseum Gottersdorf

Kartoffel-Steinpilz-Rahmsuppe

Von Gerhard Fritz, Odenwald-Gasthaus »Zum Kreiswald«, Rimbach-Kreiswald

150 g Steinpilze (frisch)	putzen, waschen und in 3 mm dicke Scheiben schneiden. Etwa 80 g davon mit
100 g Gemüsewürfel	und
30 g Zwiebelwürfel	in
30 g Butter	andünsten.
200 g Kartoffeln (roh, geschält)	in Würfel schneiden und dazugeben. Kurz weiter dünsten, dann mit
400 ml Gemüsebrühe	auffüllen. Jetzt 20 Minuten leicht kochen lassen und danach alles mit dem Pürierstab fein mixen.
100 ml Sahne	zugeben. Mit
Salz, Pfeffer	und
Muskat	abschmecken. Die restlichen Steinpilzscheiben in
Butter	anbraten und auf die angerichtete Suppe legen. Mit fein geschnittenem
Schnittlauch	bestreuen.

> *Die Suppe kann man mit allen frischen Pilzen zubereiten.*

> *Als Gemüsewürfel schmecken zum Beispiel Karotte, Lauch und Sellerie.*

Kirchweih Albersbach 1925

Wirtschaft z. Kreiswald
Inh. M. Fritz

Gruss aus Kreiswald
bei Rimbach i. Odenwald

Kartoffel-Meerrettich-Suppe mit gebratener Blutwurst

2 EL Zwiebelwürfel	in
20 g Butter	andünsten.
300 g Kartoffeln (geschält)	in grobe Stücke schneiden und zugeben. Mit
500 ml Fond von Fleisch oder Gemüse	aufgießen und die Kartoffeln darin weich kochen. Dabei mit
Salz, Pfeffer	und
Muskat	würzen. Die Suppe mit dem Pürierstab fein mixen, eventuell durch ein Sieb passieren, abschmecken. Etwa
40 g Meerrettichwurzel	fein raspeln. Kurz vor dem Anrichten in die Suppe geben.
80 g Blutwurst (geräuchert)	in Scheiben schneiden und in einer Pfanne kurz anbraten. Die Blutwurst auf die angerichtete Suppe setzen. Mit etwas
Petersilie (gehackt)	bestreuen.

37

Wer keine Blutwurst mag, kann diese durch eine andere Wurst ersetzen.

Burg Breuberg – eine der eindrucksvollsten Burganlagen Südhessens aus dem 12. Jahrhundert

Der Kartoffel-Jongleur

Schwarze Brühe (schwarz' Brieh)

Von Marianne Daab, Lengfeld

800 g Kartoffeln	schälen, vierteln.
1 Zwiebel (mittelgroß)	schälen und in Streifen schneiden. Zutaten in
1 EL Butterschmalz	andünsten, bis sie leicht braun werden. Mit
1 l Wasser	auffüllen, mit
Salz, Pfeffer, Muskat	würzen und etwa 30 Minuten kochen lassen. Dann
1 Ring Blutwurst (frisch, etwa 500 – 600 g)	im Ganzen in die Suppe geben und gerade noch am Kochen halten. Nach weiteren 30 Minuten die Wurst herausnehmen und die Kartoffeln mit dem Kartoffelstampfer grob stampfen. Die Kartoffelbrühe in eine Suppenterrine füllen. Zum Servieren gibt man die Blutwurst entweder in die Terrine oder auf eine Platte und schneidet sie am Tisch in Stücke. Die Stücke in Suppenteller legen und die Blutwurst aus dem Darm kratzen. Darüber die Kartoffelbrühe geben und gut vermischen.

38

> *Es muss unbedingt eine frische Blutwurst sein, damit man sie gut aus dem Darm bekommt.*

Vorratskammer in einem Bauernhaus

Geschirrschrank in der »Gud Stub«, Keilvelterhof

Kartoffel-Sauerkraut-Suppe

Von Peter Merkel, Odenwald-Gasthaus »Dornrös'chen«, Höchst-Annelsbach

1 EL Butterschmalz	in einem Topf zerlaufen lassen.
1 Zwiebel	schälen, in Streifen schneiden, in den Topf geben und glasig dünsten.
250 g Kartoffeln	schälen und in grobe Stücke schneiden, diese ebenfalls zugeben. Mit
400 ml Fleischbrühe	und
100 ml Milch	auffüllen und so lange kochen lassen, bis die Kartoffeln weich sind. Nun mit dem Pürierstab fein mixen. Mit
Salz, Pfeffer	und
Muskat	abschmecken. Kurz vor dem Servieren
100 g Sauerkraut (fertig gekocht)	zugeben, durchkochen lassen und noch einmal abschmecken.

39

Die Suppe wird im Odenwald auch »Schnurrbartsupp'« genannt, weil durch das Sauerkraut manchmal der Mund nicht ganz sauber bleibt.

Das sagenumwobene Felsenmeer bei Reichenbach

Waldspielplatz Hering

Brennnesselsuppe mit geräucherter Forelle

1 handvoll Brennnesselblätter (jung)	in kochendem
Salzwasser	blanchieren. Die Blätter in kaltem Wasser schnell abschrecken, abtropfen lassen und im Mixer fein pürieren.
2 Schalotten	in feine Würfel schneiden und in
30 g Butter	glasig andünsten.
25 g Mehl	zugeben, glatt rühren. Mit
600 ml Gemüsefond	und
100 ml Weißwein	aufgießen. Unter häufigem Rühren schnell aufkochen und bei geringster Hitze 20 Minuten leicht kochen lassen. Dabei oft umrühren, damit die Suppe nicht ansitzt. Zum Schluss
100 ml Sahne	und das Brennnesselpüree zugeben und mit
Salz, Pfeffer	abschmecken.
2 Forellenfilets (geräuchert)	in Stücke schneiden und auf die angerichtete Suppe legen.

40

Als Fond schmeckt auch Fleisch- oder Fischfond. Die Brennnesseln lassen sich durch Spinat ersetzen. Als Einlage kann man alle geräucherten Fische verwenden sowie Gambas, Flusskrebse, Jakobsmuscheln, Miesmuscheln, Kalbsbries, Schinkenstreifen oder geräucherte Hähnchenbrust.

Markttag vor dem Darmstädter Rathaus

Eine Kräuterfrau

Schnecken-Rahmsuppe mit Apfel-Anis

1 kleine Zwiebel	und
1 Knoblauchzehe	in feine Würfel schneiden.
8 – 12 Odenwälder Weinbergschnecken (aus Dose oder Glas)	grob hacken, Flüssigkeit (Fond) abgießen und aufbewahren.
4 Champignons	fein hacken. Mit den Zwiebeln und dem Knoblauch in
1 EL Butterschmalz	andünsten. Mit
20 g Mehl	bestäuben und
500 ml Schneckenfond oder Fleischbrühe	sowie
100 ml Apfelwein	aufgießen. Schnell glatt rühren und unter häufigem Rühren aufkochen.
200 ml Sahne	zugeben und mit
Salz, Pfeffer (frisch gemahlen)	abschmecken. Kurz vor dem Anrichten
4 cl Apfelbrand mit Anis	zugeben.

41

> Der Odenwälder Apfel-Anis ist mit einem französischen Pastis vergleichbar.

Ein eindrucksvoller Sonnenaufgang

Das Elfenbein-Museum in Erbach, das einzige weltweit, zeigt alles über Elfenbein – vom Werkstoff bis zum filigranen Kunstwerk.

Die Odenwälder Weinbergschnecken

Von Hans Herold

Dass im Odenwald seit einiger Zeit auch Weinbergschnecken gezüchtet werden, ist sicher etwas besonderes. Es ist zwar keine Tradition, aber funktioniert trotzdem hervorragend. Die Weinbergschnecken werden in artgerechten Freilandbeeten nach ökologischen Grundsätzen aufgezogen. Schädlingsbekämpfungsmittel werden nicht benötigt. So ist gewährleistet, dass die Weinbergschnecken im »Odenwälder Schneckengarten« von Hans Herold in Hetzbach, einem Ortsteil von Beerfelden, optimale Lebensbedingungen bezüglich Boden, Futterpflanzenwuchs und Feuchtigkeit vorfinden.

Die Weinbergschnecke ist die größte Art unter den heimischen Gehäuseschnecken. Ihr unterschiedlich hellbraun und gefleckt gefärbtes Gehäuse kann eine Breite von fünf bis sieben Zentimetern erreichen. Der beigefarbene, manchmal auch graue Körper kann bis zu zehn Zentimeter Länge erreichen und eine ausgewachsene Schnecke kann bis 35 Gramm wiegen. Schon in prähistorischer Zeit wurde sie aus süd- und südosteuropäischen Gebieten nach Norden gebracht.

Aber wie ist nun ein Jahresverlauf einer Weinbergschnecke? Im Frühjahr, wenn die Vegetation zu sprießen beginnt, erwacht auch die Weinbergschnecke aus ihrer Winterruhe. Zum jetzigen Zeitpunkt hat die Schnecke einen großen Appetit, um sich für die bald beginnende Paarung und Eiablage zu stärken.

Im Frühsommer beginnt dann die Paarungszeit. Schnecken sind Zwitter und bei der Paarung stoßen sich die Schnecken gegenseitig einen etwa fünf Millimeter langen so genannten »Liebespfeil« in die Fußsohle. Die Paarung dauert 24 Stunden. Zwei Wochen nach der Paarung werden die befruchteten Eier abgelegt. Zur Eiablage gräbt sich die Schnecke mit dem Fuß ein Loch in den lockeren und feuchten Boden, in das sie die 30 bis 60 Eier ablegt. Dafür braucht die Schnecke mitunter einen ganzen Tag. Die Eier sind so groß wie ein Stecknadelkopf und weiß. Je nach Witterung bleiben die Eier etwa zwei bis drei Wochen in der gegrabenen Höhle, dann schlüpfen die Jungschnecken mit dem fertigen Häuschen aus dem Ei. Sie

Frische, aromatische Kräuter passen sehr gut zu Schnecken.

fressen zuerst mal die Überreste ihres Eies. Nach und nach erreichen sie die Erdoberfläche und beginnen sofort mit dem Fressen von Blättern und Pflanzentrieben.

Weinbergschnecken sind Pflanzenfresser, die sich von allen möglichen pflanzlichen Stoffen, die in der Natur anzutreffen sind, ernähren. Es wird kaum etwas verschmäht, allerdings sind frische, zarte und saftige Pflanzenteile beliebter. Zum Aufbau des sehr harten Schneckenhauses benötigen sie große Mengen Kalk, den sie sowohl durch in den Pflanzen enthaltene Kalksalze wie auch durch im Boden befindlichen Kalk aufnehmen.

Zu Beginn der kalten Jahreszeit mit den ersten Frösten bereitet sich die Schnecke auf den Winter vor. Sie gräbt sich bis zu zehn Zentimeter in den Boden ein und verschließt ihr Gehäuse mit einem Kalkdeckel. So überdauert sie den kalten Winter und im Frühjahr beginnt alles von neuem.

In der Zucht werden die für den menschlichen Verzehr vorgesehenen Schnecken separiert und drei bis vier Tage gelüftet, damit sich der Verdauungstrakt entleert. Um sie aus dem Häuschen ziehen zu können, müssen sie für zehn Minuten in sprudelnd kochendes Wasser gegeben werden. Nach dem Herausziehen werden sie gesäubert, entschleimt und 20 Minuten blanchiert. Das Schneckenfleisch ist sehr eiweißreich und enthält kaum Fett, es hat einen geringen Eigengeschmack und ist daher sehr vielseitig verwendbar.

43

Hier fühlen sich die Weinbergschnecken wohl.

Schnecken-Fütterung

Rehfleischbrühe mit Lebkuchenklößchen

Von Dieter Mohr, Odenwald-Gasthaus »Mümlingstube«, Erbach

250 g Rehfleisch	und
500 g Rehknochen	mit kaltem Wasser abspülen. Diese in einen großen Topf geben und mit kaltem Wasser bedecken. Alles langsam zum Kochen bringen und den Schaum abnehmen.
1 kleine Stange Lauch	
50 g Sellerie	
je 1 Tomate, Karotte, Zwiebel	zugeben und bei geringer Hitze etwa 1½ Stunden kochen lassen, bis das Fleisch weich ist. Das Fleisch herausnehmen und kalt stellen. Die Brühe durch ein feines Sieb passieren und mit
Salz, Pfeffer	sowie etwas
Rotwein	abschmecken. Das Rehfleisch 2 bis 3 mal durch die feine Scheibe des Fleischwolfes lassen.
50 g Lebkuchen	fein reiben und zum Fleisch geben. Dazu etwas
Sahne	und
Rotwein	geben, so dass eine formbare Masse entsteht. Diese nun mit
Salz, Pfeffer	abschmecken. Mit einem Teelöffel daraus Klößchen formen und in der Brühe gar ziehen lassen.

44

So hat man früher geschlafen.

Esskastanien in ihrer stacheligen Hülle

Wildrahmsuppe mit gebackenen Champignons

25 g Mehl	in
30 g Butter	anschwitzen, mit
750 ml Wildfleischbrühe	auffüllen und schnell glatt rühren. Unter öfterem Rühren aufkochen und bei kleinster Hitze einige Minuten leicht kochen lassen. Zum Schluss
200 ml Sahne	zugeben, mit
Salz, Pfeffer	abschmecken.
12 – 16 kleine Champignons	waschen und mit
Mehl	bestäuben.
1 Ei	verquirlen und die Champignons darin wenden. Mit
Semmelbrösel	panieren und in heißem
Fett	schwimmend backen.

45

Die Kapelle im Teich des Eulbacher Parks, dem Englischen Garten der Grafen von Erbach-Erbach, der als ältester archäologischer Park Deutschlands gilt.

Plätschernder Bach am Quellenweg

Angemachter Handkäs' mit Walnüssen und Äpfeln

4 Handkäse (Odenwälder Frühstückskäse)	klein hacken wie für ein Tatar.
1 Apfel	vierteln, das Kerngehäuse entfernen und den Apfel in kleine Würfel schneiden.
2 EL Walnüsse	in kleine Stücke hacken und in einer Schüssel mit dem Handkäse, den Äpfeln und
4 EL Zwiebelwürfel	vermischen.
2 EL Apfelessig	und
2 EL Rapsöl	zugeben, mit
Salz, Pfeffer	und
1 Prise Zucker	würzen und vermischen.

Dazu ein kräftiges Bauernbrot oder Odenwälder Kartoffelbrot und Butter.

Die Hüttenthaler Molkerei anno 1910

Das Auerbacher Schloss mit der imposanten Waldkiefer auf der Burgmauer

Hüttenthaler Goldklümpchen

300 ml Bier	mit
250 g Mehl	glatt rühren.
3 Eier	dazugeben und ebenfalls glatt rühren.
200 g Pellkartoffeln (vom Vortag)	fein reiben, zugeben und mit
Salz, Pfeffer, Muskat	abschmecken.
4 Handkäse (Odenwälder Frühstückskäse)	in Achtel schneiden und in den Backteig geben. Die Handkäs-Stückchen so durch den Backteig ziehen, dass sie komplett umhüllt sind und in sehr heißem
Fett oder Butterschmalz	schwimmend goldgelb backen.
8 EL Kräuterschmand (Rezept Seite 157)	mittig auf Teller setzen. Darum einige angemachte Salatblätter von verschiedenen Salaten arrangieren und darauf die Goldklümpchen setzen.

47

Das Schloss Fürstenau mit dem charakteristischen Prachtbogen in Michelstadt-Steinbach

Odenwälder Handkäs' mit Sahne-Zwiebel-Soße

»Odenwälder Frühstückskäse g. U.« ist der Odenwälder Handkäse, der nicht aus Sauermilchquark hergestellt wird, sondern aus frischer, mit Lab eingedickter Milch. Dies entspricht der Herstellungsmethode zum Beispiel des elsässischen Münster-Käses. Der Odenwälder Frühstückskäse trägt seit 1997 als einer der ganz wenigen deutschen Käse das EU-Siegel »g. U.« für eine regionaltypische Spezialität mit geschützter Ursprungsbezeichnung. Die Bezeichnung Frühstückskäse stammt wohl daher, dass er oft als zweites Frühstück am späteren Morgen gegessen wurde.

Von Britta Kohlhage, Molkerei Hüttenthal, Mossautal-Hüttenthal

4 Odenwälder Handkäse (Odenwälder Frühstückskäse)	auf Teller legen.

Die Soße

125 ml Hüttenthaler Sahne	mit
2 EL Öl	
1 EL Kräuteressig	
1 TL Senf (mittelscharf)	und
4 EL Petersilie (glatt, gehackt)	in eine Schüssel geben. Mit einem Schneebesen glatt rühren und mit
Salz, Pfeffer, Zucker	abschmecken.
2 EL Zwiebeln (fein gehackt)	zugeben. Alles 1 Stunde ziehen lassen. Kurz vor dem Servieren diese Marinade auf dem Käse verteilen. Mit einigen
Zwiebelringen	und
Petersilie	garnieren.

Dazu schmeckt ein kräftiges Odenwälder Bauernbrot mit Hüttenthaler Butter.

Ein Odenwälder Apfelwein oder ein kräftiger Groß Umstädter Weißwein passen ebenso dazu wie ein würziges Bier.

Der Bietjungferbrunnen auf dem Marktplatz von Groß-Umstadt

Hüttenthaler Handkäse mit Apfel-Musik

Der »Hüttenthaler« ist ein Odenwälder Handkäs' mit einem sehr hohen Fettgehalt ähnlich einem elsässischen Münster. Er hat eine vergleichsweise cremige Konsistenz.

4 Hüttenthaler	auf Teller setzen.
2 Äpfel (Boskop)	vierteln, das Kerngehäuse entfernen und mit der Schale in kleine Würfel schneiden. In einer Schüssel mit
100 g Zwiebelwürfel (rot)	
100 ml Apfelessig	und
100 ml Walnussöl	vermischen und mit
Salz, Pfeffer	und
1 Prise Zucker	würzen. Die »Musik« über den Handkäse verteilen. Darüber noch einige
Walnüsse (gehackt)	streuen.

Dazu Odenwälder Kartoffelbrot mit Butter und einen Apfelwein.

49

Der Odenwälder Handkäsmacher Kurt Kohlhage

Im Butterfass wurde früher Butter gemacht.

Schichtkäse

Schichtkäse ist ein Frischkäse aus Kuhmilch, eine besondere Form von Quark. Er wird jedoch nicht vor dem Abfüllen glattgerührt oder zentrifugiert, sondern geschnitten und direkt in die Verpackung in drei Schichten eingeschöpft. Die untere und obere Schicht ist aus Magermilch, die mittlere Schicht ist aus vollfetter Milch, die wegen des höheren Fettgehalts etwas gelblicher ist. Schichtkäse besitzt ein fein milchsäuerliches Aroma. Sein Geschmack ist etwas kerniger und seine Konsistenz fester als die von Quark.

Odenwälder Kochkäs'

Von Dieter Mohr, Odenwald-Gasthaus »Mümlingstube«, Erbach

50

500 g Schichtkäse	mit
25 g Natron	und
50 g Butter	in eine Edelstahlschüssel geben, die mindestens die dreifache Menge fasst. Mit
Salz, Pfeffer	würzen und alles gut vermischen. Einen Topf mit Wasser aufsetzen. Der Topf muss so groß sein, dass die Schüssel gut darauf passt. Das Wasser bis auf 60 °C erhitzen. Die Schüssel mit dem Käse darauf stellen und dabei die Käsemasse so lange rühren, bis sich der Schichtkäse komplett aufgelöst hat. Es sollte eine glatte, zähflüssige, leicht gelbliche Masse entstehen. Den fertigen Kochkäse in eine andere Schüssel umfüllen und kalt stellen.

> *Kochkäse wird mit Bauernbrot und Butter serviert. Wer mag, kann Kümmel darüber streuen. Beliebt dazu ist »Musik« (fein gewürfelte Zwiebel mit Essig und Öl angemacht). Dazu passt ein kräftiger Apfelwein oder ein herzhaftes Odenwälder Bier.*

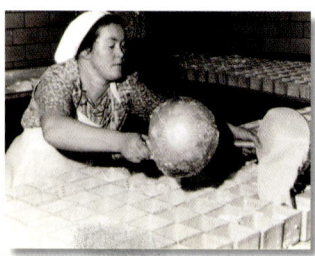

Der Schichtkäse wird in die Formen geschöpft.

Odenwälder Kochkäse mit Handkäse

Von Anne Erstfeld, Brensbach-Wersau

500 g Hüttenthaler Schichtkäse	in einem Leinentuch 3 Tage gut abtropfen lassen (am besten im Kühlschrank).
2 TL Natron	mit einem Schneebesen gut damit verrühren. Eine Stunde bei Zimmertemperatur ziehen lassen, bis die Masse gelblich-glasig ist.
½ Handkäse (Odenwälder Frühstückskäse)	in kleine Würfel schneiden. Mit
50 g Butter (flüssig)	und
1 TL Salz	vermischen. Die Schüssel auf ein Wasserbad hängen und unter ständigem Rühren heiß werden lassen. Der Kochkäse muss eine glatt-homogene Masse ergeben. Zum Schluss
1 Eigelb	und
125 ml Sahne	darunter rühren, umfüllen und kalt stellen.

51

> *Für das Erhitzen im Wasserbad empfehle ich einen Simmertopf als praktisches Hilfsmittel.*

Mümlingbrücke bei Schloss Fürstenau

Immer wieder tauchen interessante Felsformationen am Wegesrand auf.

Das Odenwälder Schlachtfest

In Auszügen aus dem Buch »Speis und Trank im Odenwald«
von Karl Schwinn (†), aus dem Jahr 1981

Wie die Ernte mit einer kleinen Feier abgeschlossen wurde, so war auch die Anlage der Wintervorräte an Fleisch ein Anlass zur Freude. Das Schlachten war ein wichtiges Ereignis im Jahreslauf. Weihnachten, Kerb und Schlachtfest sind die höchsten Feiertage, hieß es. Dazu wurde man eingeladen, ähnlich wie zu einem Geburtstag. Sehr früh am Morgen erschien der Metzger mit einer großen, weißen Schürze. An seinem Gürtel hing ein Wetzstahl. Zwei oder drei Messer in verschiedenen Größen, ein Hackbeil, ein Füllhörnchen zum Wurstmachen und andere Geräte brachte er mit. Seine großen Stiefel schützten ihn vor Nässe.

Beim Töten des Schweins durften die Kinder nicht dabei sein. Man hörte das Tier schreien, wenn es aus dem Stall geholt wurde. Dann gab es einen dumpfen Schlag, und das Schwein war ruhig. Jetzt drängten sich die Kinder heran und sahen vielleicht noch, wie das Blut gerührt wurde. Die Blutschüssel halten konnte nicht jeder. Unterdessen war viel Wasser im Kessel heiß gemacht worden. Das Schwein wurde über eine Bütte gelegt und gebrüht. Mit einem hornartigen Gerät wurden die Borsten abgeschabt. Dann wurde es auf eine an die Mauer gelehnte Leiter gehängt, aufgeschnitten und ausgenommen. Die Därme wurden in warmem Wasser wiederholt gespült. Nun wurde das Tier zerlegt. Heute wird es halbiert. Früher trennte man die beiden Rippenstücke ab und erhielt so drei Teile. Das zarte Kopffleisch kam zuerst in den Kessel. Beim Frühstück konnte es bereits als erstes Wellfleisch verzehrt werden. Vorher noch hatte der Fleischbeschauer, ein dazu ausgebildeter Mann aus dem Dorf, oder der Tierarzt seine Arbeit getan.

In der Stube war ein großer Holzklotz aufgestellt und Bretter als Ablage zwischen Stühle gelegt worden. Der Speck wurde abgetrennt und in Würfel geschnitten. Einen Teil brauchte man für die Blutwurst. Der meiste wurde ausgebraten. Das Schmalz wurde in Steingutkacheln aufbewahrt. Die Arbeit am Speck war Sache der Hausfrau, nicht des Metzgers.

Der »Glücksschwein-Reiter«

Unterdessen war die Zeit zum Frühstücken gekommen. Das Wellfleisch war gar. Es wurde mit Salz und Schwarzbrot verzehrt. Der Metzger selbst aß meist kein Fleisch. Er bekam Brot mit Handkäse. Für ihn stand dauernd Schnaps und Wein bereit. Viele Bauern boten aber den Branntwein nicht vor der Fertigstellung des Wurstfüllsels an, damit der Geschmackssinn des Metzgers nicht beeinflusst wurde.

Bevor das Füllsel in die Därme kam, wurde den Kindern »das Würstchen angemessen«. Der Metzger strich ihnen dabei mit blutigen Fingern ins Gesicht oder an den Arm, um die Länge des Würstchens anzudeuten. Neulinge beim Schlachtfest wurden zu entfernt wohnenden Bekannten geschickt, um den »Säunabelspieß« oder die »Wursthaspel« zu holen. Großen Spaß machte es, wenn es gelang, jemand mit einer Sicherheitsnadel das Schwänzchen anzuhängen. Die Blase des Schweins wurde zum Trocknen an das Scheuertor gehängt. Sie wurde an Fastnacht als Schlaggerät benutzt.

53

Schlachten anno dazumal: Der Hausmetzger hat die geschlachteten Schweine an Leitern aufgehängt.

Tiefschnee im Wald

Bei den Odenwälder Hausschlachtungen wurden in der Regel vier Wurstsorten hergestellt. Die Blutwurst wurde gewürzt mit Salz, Pfeffer und Nelken (im Gegensatz etwa zur Pfalz, wo Majoran zugegeben wurde). Die Leberwurst bekam ihren kennzeichnenden Geschmack durch die Leber, die Zwiebel, den Pfeffer und das Salz. Andere Zusätze wurden nicht gegeben. Schwartemagengewürze waren Muskat, Knoblauch und Salz. Unter das Bratwurstfüllsel wurden Knoblauch, wenig Muskat, Pfeffer und Salz gemengt. Auf besonderen Wunsch machte der Metzger auch Schüsselwurst: Füßchen, Rüssel und Schwänzchen wurden gekocht und mit etwas Essig, Pfeffer und Salz abgeschmeckt. Fleischbröckchen und Brühe wurden in eine Schüssel geschüttet. Nach dem Erkalten und Erstarren wurde die Schüsselwurst zerschnitten.

Im Gesprenztal gibt es ein Bauernhaus, in dem die Bratwurst noch nach uralter Überlieferung hergestellt wird. Vom Schmalzspeck wird mit einem Messer die Haut abgetrennt. Sie wird gewendet, zusammengenäht und gefüllt. Wie früher alle Würste wird sie mit Hölzchen zusammengespellt.

Blutwurst, Schwartenmagen und Leberwurst wurden im kupfernen Kessel gekocht. Das Feuer musste gut überwacht werden, damit die Wurst nicht platzte. Ganz war das nie zu vermeiden. Je mehr Würste rissen, desto besser wurde die Wurstsuppe.

Die Mittagsmahlzeit am Schlachttag war kurz. Es gab wieder Wellfleisch, dazu Kartoffelsalat. Die richtige »Metzelsupp« wurde abends gefeiert. Dazu kamen die geladenen Gäste. Die Nachbarskinder, die sich den ganzen Tag zwischen den Erwachsenen herumgetrieben hatten, waren mit ihren Würstchen nach Hause gegangen. Durch Beiseiterücken der Möbel hatte man mehr Platz in der Stube geschaffen. Zusätzliche Tische und Stühle konnten jetzt hereingebracht werden. Zuerst gab es Metzelsuppe (Wurstsuppe) mit eingebrocktem Brot oder Brötchen. Viele hielten Mehlriebel für die beste Suppeneinlage. Die Hauptmahlzeit bestand aus Wellfleisch, Sauerkraut und Erbsen-, Bohnen- oder Kartoffelbrei. Es folgte der aus Fleischbrühe, Blut Brot und gutem Gewürz hergestellte »Pfeffer«. Manche Kinder aßen ihn nicht gerne, weil Erwachsene gesagt hatten: »Du bekommst schwarze Därme davon.« Wer es noch schaffte, versuchte die Bratwurst oder warme Blut- und Leberwurst. Während der ganzen Mahlzeit stand Schnaps, Wein oder Apfelwein auf dem Tisch.

Feldweg in der Abendsonne

Am nächsten Tag wurde den Nachbarn und Freunden, in kleinen Dörfern auch dem Schullehrer, eine Kanne mit Metzelsuppe gebracht, in der manchmal auch ein Brocken Fleisch oder Wurstfett schwamm.

Mit dem Weggang des Metzgers war die Verarbeitung der Fleischteile und der Würste nicht beendet. Schinken wurden in kaltem Salzwasser drei Wochen lang gelackt. Dann wurden sie einen Tag lang gewässert. Nach gutem Abtrocknen wurden sie, wie vorher schon die gekochten Würste und die rohe Bratwurst, in die Rauchkammer gehängt. Dort stand ein Kasten voll Buchensägemehl. Es wurde an einer Ecke durch glühende Holzkohle in Brand gesetzt. Der Rauch hatte seinen Abzug in den benachbarten Schornstein. Es wurde ganz langsam geräuchert, etwa acht Tage lang, bis das Fleisch braun geworden war. Der fertige Schinken musste dauernd überwacht werden. Wenn zwischen Knochen und Fleisch Risse entstanden, wurde Pfeffer eingestreut, um ein Verderben zu vermeiden.

Herde im Spätsommer auf der Weide

55

Bildstock in Finkenbach

Gebratene Rüdenauer Kartoffelwurst in Senfkruste auf Linsen

Die Rüdenauer Kartoffelwurst wurde in Notzeiten erfunden. Man »streckte« die Blutwurst der Hausschlachtung, bestehend aus frischem Blut, Schwarten und Gewürzen, einfach mit Kartoffeln, da die kostbaren Grieben und Speck für andere Zwecke gebraucht wurden. Aus dem Blickwinkel heutiger Ernährungsgewohnheiten ist die Rüdenauer Kartoffelwurst eine schmackhafte Alternative für gesundheits- und figurbewusste Genießer.

Im Gasthof-Metzgerei »Zum Stern« in Rüdenau bei Miltenberg stellen die beiden Metzgermeister Gerhard und Dieter Baumann die »Rüdenauer Kartoffelwurst« nach überlieferter Rezeptur und handwerklicher Tradition her. Hauptsaison ist von September bis Mai.

Von Dieter Baumann, Gasthof-Metzgerei »Zum Stern«, Rüdenau

56

2 Schalotten	in feine Würfel schneiden und in etwas
Butterschmalz	andünsten.
250 g Beluga-Linsen	zugeben und mit
Fleischbrühe	rund 30 Minuten gar kochen. Soviel Fleischbrühe zugeben, dass diese am Schluss von den Linsen komplett aufgenommen ist. Mit
Salz, Pfeffer	und
Balsamico-Essig	abschmecken. Kurz vor dem Anrichten mit
Blattpetersilie (geschnitten)	vervollständigen.
6 Rüdenauer Kartoffelwürste (à 120 g)	in jeweils 3 gleichmäßig dicke Scheiben schneiden. Die Schnittflächen mit etwas
Senf (mittelscharf)	bestreichen und leicht mit

Ruine im Eulbacher Park im Schnee

Mehl	bestäuben. Die Kartoffelwurstscheiben nun in einer Pfanne mit heißem
Butterschmalz	langsam kross braten.
2 Äpfel (Rubinette)	in Sechstel schneiden, das Kerngehäuse ausschneiden und in
Butterschmalz	glacieren.

Die Linsen in der Tellermitte anrichten. Abwechselnd Kartoffelwurst und Apfelspalten darumlegen. Mit Blattpetersilie und Schnittlauch garnieren.

Ein Odenwälder Landbier oder ein Rotwein, zum Beispiel Portugieser aus Klingenberg, passt hervorragend dazu.

Der Ottilienbrunnen in Rüdenau gilt als Quellheiligtum und wird vielfach als Symbol des Ortes bezeichnet.

57

Junger Apfelbaum auf einer typischen Streuobstwiese

Apfel-Zwiebel-Kuchen

Von Carola Merkel, Odenwald-Gasthaus »Dornrös'chen«, Höchst-Anneslbach

Die Vorbereitung

300 g Mehl	in eine größere Schüssel geben und eine Vertiefung machen. In diese
150 ml Wasser (handwarm)	geben und darin
20 g Hefe	auflösen. Mit Mehl bestäuben und die Schüssel mit einem Tuch bedecken. An einem warmen Ort 20 Minuten gehen lassen. Dann
2 Eigelb	
75 g Schweineschmalz	und
3 Prisen Salz	zugeben und alles kräftig zu einem glatten, elastischen Teig verkneten. Diesen wieder in die Schüssel legen und mit dem Tuch bedeckt 30 Minuten gehen lassen. Dann den Teig ausrollen und auf ein gebuttertes Backblech legen.

58

Die Füllung

600 g Zwiebeln	schälen, in Streifen schneiden und in
30 g Butterschmalz	andünsten. Währenddessen
200 g Äpfel	schälen, vierteln, das Kerngehäuse entfernen und in Scheibchen schneiden.
100 g Dörrfleisch	in kleine Würfel schneiden und mit den Äpfeln zu den Zwiebeln geben. So lange dünsten lassen, bis es anfängt Farbe zu bekommen. Dabei mit
Bohnenkraut (getrocknet)	und
Kümmel	würzen. Nun etwas abkühlen lassen und auf dem Hefeteig verteilen.
150 g saure Sahne	und
2 Eier, 1 Eigelb	verrühren, mit
Salz, Pfeffer	würzen und über den Kuchen geben. Bei 220 °C etwa 25 bis 30 Minuten backen.

Dazu schmeckt im Herbst ein frisch gepresster Apfelmost am besten.

Apfelsorten-Ausstellung in der Pudermühle in Nieder-Kinzig

Sauerkraut-Kuchen

Von Anne Erstfeld, Brensbach-Wersau

Die Vorbereitung

300 g Mehl	in eine größere Schüssel geben und eine Vertiefung in der Mitte machen.
125 ml Milch	leicht anwärmen und in die Vertiefung geben. Darin
20 g Hefe	vermischen.
80 g Butter	flüssig machen und auf das Mehl geben. Mit
1 TL Salz	einen glatten Teig kneten. Diesen wieder in die Schüssel legen, mit Mehl bestäuben. Die Schüssel mit einem Tuch bedecken und den Teig an einer warmen Stelle 30 Minuten gehen lassen. Den Teig nun ausrollen, dann in eine gefettete Springform legen. Mit einem Tuch bedecken und noch ein paar Minuten gehen lassen.

Die Füllung

59

150 g Fleischwurst	und
100 g Dörrfleisch	in kleinere Würfel schneiden und in einem Topf leicht anbraten.
1 Dose Sauerkraut (770 g)	dazugeben und einige Minuten dünsten lassen. Dabei öfter umrühren. Abkühlen lassen und dann auf dem Teig verteilen.
3 Eier	mit
250 g saure Sahne	und
1 EL Mehl	verrühren. Mit
Salz, Pfeffer	sowie
Muskat	würzen und über den Kuchen geben.
150 g Gouda	reiben oder in kleine Würfel schneiden und über den Kuchen verteilen. Im Ofen bei 200 °C 45 Minuten backen.

Dazu empfehle ich einen kräftigen Odenwälder Apfelwein.

Der Klostergarten in Seligenstadt

Balleklöß'

Von Dieter Mohr, Odenwald-Gasthaus »Mümlingstube«, Erbach

750 g Kartoffeln	als Pellkartoffeln kochen, noch heiß schälen und über Nacht kalt stellen. Diese dann durch die feinste Scheibe des Fleischwolfes lassen.
150 g Mehl	
40 g Grieß	und
2 Eier	zugeben, mit
Salz und Muskat	würzen. Die Masse gut verkneten. Daraus gleichmäßig große Klöße rollen und diese in kochendes
Salzwasser	geben. Aufkochen und 15 Minuten ziehen lassen.

Mehligkochende Kartoffeln sind hierfür am besten geeignet.

Blick auf die Burg Lindenfels

Ein historischer Dampfzug fährt über das Himmbächelviadukt

Dicker Hannes

Von Regina Böhm, Brensbach, ehemals Kartoffelkönigin Regina I.

1¼ kg Kartoffeln	und
1 dicke Zwiebel	schälen und am besten mit der Küchenmaschine in ganz feine Streifen reiben.
1 Brötchen (vom Vortag)	in etwas
Milch	einweichen. Dieses mit
2 Eier	
100 g saure Sahne	und
125 g Dörrfleischwürfel	in die Kartoffelmasse geben. Mit
Salz, Pfeffer (frisch gemahlen)	würzen und gut vermischen. Die Masse in eine gefettete Auflaufform einfüllen und mit einigen
Butterflöckchen	belegen. Bei 200 °C im Backofen rund 2 Stunden backen.

61

Dazu isst man selbst gemachtes Apfelmus (Rezept Seite 151).

Die »Freye Ritterschaft Odenwald« bei der Begrüßung der Gäste

Wisente im Eulbacher Park, die man von einem Stand aus beobachten kann

Gedidschde-Gedadschde

Von Peter Merkel, Odenwald-Gasthaus »Dornrös'chen«, Höchst-Annelsbach

500 g Kartoffeln (geschält)	in Wasser gar kochen. Die gegarten Kartoffeln auf einem Sieb abtropfen lassen und noch heiß durch eine Kartoffelpresse in eine Schüssel drücken.
Je 100 g Karotte, Lauch, Sellerie, Kohlrabi	
1 kleine Zwiebel	in kleine Würfel schneiden und in
2 EL Butter	gar dünsten. Dabei mit
Salz, Pfeffer	würzen. Das gegarte Gemüse zur Kartoffelmasse geben. Mit
2 EL Stärke	und
1 Ei	vermengen. Die Masse mit
Salz, Pfeffer	und
Muskat	abschmecken. Zuletzt
½ TL Majoran (getrocknet)	
1 EL Schnittlauch (frisch)	und
1 EL Petersilie (frisch)	untermischen. Nun mit den Händen die Gedidschde-Gedadschde als Taler formen. Diese werden in einer Pfanne in
Butterschmalz	gebraten.

62

> *Dazu passt ein bunter Salatteller. Die Gedidschde-Gedadschde eignen sich auch sehr gut als Beilage zu vielen Fleischgerichten.*

Golfen im Odenwald

Der sagenumwobene Siegfriedbrunnen bei Grasellenbach

Gänssteppel

Von Marainne Daab, Lengfeld

1 kg Kartoffeln	schälen, vierteln und in
Wasser	kochen. Wenn die Kartoffeln weich sind, das Wasser abschütten, die Kartoffeln ausdämpfen und durch die Kartoffelpresse geben.
1 Zwiebel (groß)	schälen und in feine Würfel schneiden.
200 g Dörrfleisch	ebenfalls in kleine Würfel schneiden. Zwiebel und Dörrfleisch mit
2 EL Butterschmalz	leicht anbraten. Diese dann zu den Kartoffeln geben.
2 Eier	und
2 EL Kartoffelstärke	darunter mischen. Mit
Salz und Muskat	abschmecken. Daraus die Gänssteppel formen. Sie sind fingerlang, die eine Spitze ist breiter als die andere. Die Gänssteppel dann in einer Pfanne in
Butterschmalz	goldbraun braten.

63

Dazu schmeckt ein frischer Salat sehr gut. Die Gänssteppel kann man auch als Beilage servieren, insbesondere zu Fleischgerichten mit viel Soße.

Junge Gänse suchen ihr Futter in der blühenden Wiese.

Krönung der Kartoffelhoheiten

Himmel un' Erd

600 g Kartoffel (geschält)	in Wasser kochen, abschütten und gut abdämpfen lassen. Durch die Presse drücken. Etwa
400 ml Milch	mit
40 g Butter	aufkochen und mit dem Schneebesen unter die Kartoffeln arbeiten. Mit
Salz und Muskat	abschmecken.
400 g Blutwurst (geräuchert)	in etwa 1 cm dicke Scheiben schneiden und in einer Pfanne in heißem
Butterschmalz	von beiden Seiten anbraten. Herausnehmen und warm stellen.
400 g Zwiebelstreifen	in dieser Pfanne so lange schmoren, bis sie eine schöne bräunliche Farbe haben. Den Kartoffelbrei anrichten.
500 g Apfelmus (Rezept Seite 151)	daneben geben. Die Blutwurstscheiben auf den Kartoffelbrei setzen und die geschmorten Zwiebeln darüber geben.

64

Himmel und Erde – die Kartoffelkönigin im blühenden Kartoffelfeld

Pferdemarkt in Beerfelden

Kartoffel-Cordon Bleu

Von Christiane Böhm, ehemals Kartoffelkönigin Christiane I.

600 g Kartoffeln (mehlig kochend)	schälen und in Wasser kochen. Noch heiß durch die Kartoffelpresse drücken und erkalten lassen. Anschließend
80 g Mehl	
40 g Kartoffelstärke	und
2 Eigelb	dazugeben. Mit
Salz, Pfeffer	und
Muskat	würzen und gut verkneten. Aus dem Teig eine Rolle formen, diese dann in 4 gleich große Teile schneiden. Jedes Teil auf einer bemehlten Arbeitsfläche etwa ½ cm dick kreisförmig ausrollen. Danach auf die Hälfte von jedem Kreis je 1 Scheibe von
4 Scheiben Kochschinken	und je 1 Scheibe von
4 Scheiben Käse	legen.
2 Eiklar	mit dem Schneebesen verquirlen und mit einem Pinsel die Teigränder bestreichen. Die unbelegte Hälfte auf die andere klappen und etwas andrücken. Dann in
Mehl	wenden, durch das Eiklar ziehen und mit
Semmelbrösel	panieren. Die Kartoffel-Cordon Bleu's in heißem
Fett	auf beiden Seiten goldbraun braten.

65

Für die Käsescheiben nimmt man am besten Nibelungenkäse oder Gouda. Angerichtet wird mit Zitronenscheibe und Petersilie. Ich empfehle dazu frisches Gemüse in einer Kräuterrahmsoße.

Das Alte Rathaus von Buchen, ganz aus Sandstein, wurde 1723 fertiggestellt. Die Torbögen sind mit Neidköpfen versehen, die böse Geister fern halten sollen.

Die Odenwälder Kartoffelwochen

Von Horst Schnur

Die Idee der Odenwälder Kartoffelwochen wurde aus der Erkenntnis geboren, dass die Kartoffelzucht im Odenwald historische Wurzeln hat. Gäste sind häufig verblüfft, wenn sie erfahren, dass so wichtige deutsche Kartoffelsorten wie die berühmte Sieglinde, aber auch die Sorten Agria, Quarta, Rosella, Marabel und Regina aus dem Odenwald kommen. Sie kommen von dem bedeutenden Kartoffelzuchtbetrieb Böhm auf dem Kohlbacher Hof bei Brensbach. Dort züchtet die Familie Böhm seit mehr als hundert Jahren unentwegt neue Kartoffelsorten in einem langjährigen Prozess und bringt sie auf den Markt.

Warum sollte man ein solches »Alleinstellungsmerkmal« nicht in die Regionalentwicklung und die Bemühung um regionale Identität nachdrücklich integrieren? Es ging daher in den vorbereitenden Diskussionen darum, die Odenwälder zu bewegen, selbstbewusst und stolz auf ihr Grundnahrungsmittel zu sein, das mit so vielen Sorten seinen Weg aus dem Odenwald in die Welt genommen hat. Die Vielfalt der Zubereitungsmöglichkeiten und die Kreativität der jungen Köche sollten im Mittelpunkt einer großen Gemeinschaftsaktion der Gastronomie neue gestalterische Impulse der regionalen Esskultur geben.

Als schließlich im Oktober 1991 nach einem mehrmonatigen Vorlauf die ersten Odenwälder Kartoffelwochen starteten, beteiligten sich 30 Gasthäuser. Der Erfolg war unerwartet gut. Viele Köche verdarben nicht den Brei – wie es im Sprichwort heißt –, sondern verblüfften die Gäste mit traditionellen Gerichten und neuen Geschmacksvariationen. Der damalige Landrat ließ es sich nicht nehmen, die Odenwälder Tracht mit Dreispitz anzuziehen, um die Heimatverbundenheit von Essen und Trinken leibhaftig zu verkörpern. Viele Prominente waren beeindruckt und lassen sich alljährlich begeistern. Die Kartoffelköniginnen Regina, Cristina, Christiane die Erste und die Zweite, Donata, Barbara und Melissa vertraten mit viel Charme die Region Odenwald und ihre kulinarischen Spezialitäten bei Festen und Feiern in der gesamten Region, in Berlin auf der Grünen Woche und in den Schulen.

Die Hoheiten der Odenwälder Kartoffelwochen:
Kartoffelkönigin Barbara und Kartoffelprinzessin Melissa

Armin Treusch, an der Spitze der Gastronomiebetriebe, motivierte die Küchen- und Servicebrigaden zu Höchstleistungen. Die große Resonanz bei den Gästen brachte einen spürbaren Qualitätsschub in der Odenwälder Gastronomie und nahm ihre Bemühungen um die Ausbildung nachhaltig mit. Mittlerweile beteiligen sich bis zu 60 Gasthäuser an den Odenwälder Kartoffelwochen, sogar über die Kreis- und Landesgrenzen hinweg.

Schon bald gab es weltweit die ersten Kontakte mit Gleichgesinnten, denen die Odenwälder Kartoffelwochen ins Auge fielen. Aus Dänemark kamen die Kartoffeltysken zu Besuch, deren Vorfahren einst aus dem Odenwald nach Jütland ausgewandert waren und die Kartoffeln dorthin mitgenommen hatten. Freunde aus Xenia/Ohio, dem Greencounty in den USA, erzählten bei ihrer Visite im Odenwald, dass sie ein Potatofestival veranstalten. Gäste aus Boras in Schweden ließen eine goldene Kartoffel überreichen, weil auch sie sich der Kartoffel verbunden fühlen. Der Landkreis Pyong Chang in Südkorea meldete sich per Fax und berichtete über seine Kartoffelaktivitäten. Aus der japanischen Hauptstadt Tokyo und aus Melbourne in Florida/USA kamen freundliche Anfragen.

Plakate vom Kartoffelfest auf der Lasiti-Hochebene auf Kreta, wo die Kartoffelfelder mit Windmühlen bewässert werden, und Speisekarten von der gleichen Aktion in Sand bei Brixen in Tirol, stärkten das weltumspannende Gefühl der Zusammengehörigkeit im Kartoffelthema. The International Potato Center in Lima/Peru sammelt weltweites Wissen rund um die Kartoffel und konnte den Odenwald nicht umgehen.

Der gute Geist der Kartoffelwochen, der seinen Bogen von den landwirtschaftlichen Betrieben, den Küchen der Gastronomie, den neuen Formen des kreativen und gepflegten Essens bis hin zu Kunst und Literatur spannte, ließ viele Gäste die neue Ess- und Küchenkultur im Odenwald erleben und zahlreiche Beobachter anerkennend darüber reden und schreiben.

Viele Köche garantieren für eine genussvolle Kartoffelwochen-Veranstaltung.

Kartoffelgulasch

Von Barbara Treusch, Reichelsheim, Kartoffelkönigin Barbara I.

Das Gulaschgewürz

1 – 2 Knoblauchzehen	schälen, mit
1 TL Kümmel	und
1 TL Majoran (getrocknet)	hacken.
1 TL Chilisalz	darunter mischen und alles mit dem Messerrücken zerquetschen. Mit
½ TL Zitronenschale (gerieben)	vermischen.

Der Kartoffelgulasch

500 g Kartoffeln (festkochend)	waschen, schälen und in 2 cm große Würfel schneiden.
1 Zwiebel	schälen, in 1 cm große Würfel schneiden.
1 Paprika (rot)	längs halbieren, entkernen, mit dem Sparschäler schälen und in 1 cm große Würfel schneiden. Dann in einem größeren Topf
1 EL Rapsöl	erhitzen und darin Zwiebel und Paprika andünsten.
1 EL Tomatenmark	zugeben und anrösten. Mit
800 ml Gemüsebrühe	angießen, die Kartoffelwürfel zugeben, aufkochen lassen und bei geringster Hitze 20 Minuten garen. Mit einem Schaumlöffel etwa ¾ des Kartoffelgulaschs aus dem Sud nehmen. Den Rest im Topf mit einem Stabmixer zu einer sämigen Soße pürieren und die Einlage wieder in den Topf geben.

68

Rennofen am Bergbaulehrpfad bei Reichelsheim:
Hier kann man sehen wie früher Eisen gewonnen wurde.

2 TL Paprikapulver (edelsüß)	mit wenig kaltem Wasser glatt rühren und zu dem Kartoffelgulasch geben. Mit dem angerührten Gulaschgewürz abschmecken.
1 Paprika (gelb)	längs halbieren, entkernen, mit dem Sparschäler schälen und in 1 cm große Würfel schneiden.
2 Äpfel	vierteln und in ½ cm dicke Scheibchen schneiden.
1 EL Rapsöl	in einer Pfanne erhitzen, die Paprika- und Apfelstücke darin anbraten. Mit
Salz, Pfeffer	und
Gulaschgewürz	würzen.
2 Bratwürste (geräuchert)	in dünne Scheiben schneiden und mit der Paprika-Apfel-Mischung unter den Gulasch mischen. Zuletzt
1 – 2 EL Petersilie (gehackt)	hinzufügen. Beim Anrichten jeweils einen Klecks
Schmand	auf den Kartoffelgulasch setzen.

Als Bratwürste eignen sich Apfelbratwurst oder Kartoffelbratwurst.

69

Blick auf Reichelsheim mit Schloss Reichenberg

Hier wächst der Reichelsheimer Weinapfel.

Kartoffeln mit Steinpilzfüllung

Von Landrat a. D. Horst Schnur, Beerfelden-Olfen

8 Kartoffeln (groß)	gut waschen und als Pellkartoffel kochen. In der Zwischenzeit
200 g Steinpilze	und
1 Zwiebel	klein schneiden und in
1 EL Butter	anbraten. Die gegarten Kartoffeln abkühlen lassen. An der breitesten Seite einen Deckel abschneiden und sie bis auf einen 1 cm dicken Rand aushöhlen. Die ausgelösten Kartoffelteile zerdrücken und mit den angebratenen Steinpilzen vermischen.
1 EL Kräuter (frisch, fein gehackt)	
1 El Crème fraîche	und
1 Eigelb	zu der Masse geben und untermengen. Mit
Salz, Pfeffer	würzen. Die Füllung in die ausgehöhlten Kartoffeln geben.
100 g Käse	reiben und darüber streuen. Die gefüllten Kartoffeln im Ofen bei 200 °C in 10 bis 20 Minuten überbacken.

70

Mountainbiker bei Beerfelden

Odenwälder Kartoffelpfannkuchen

Kartoffelpfannkuchen gibt es sehr oft als Hauptmahlzeit – »bis zum platze«! Aber auch als Nachtisch kann man sie servieren. Als moderne Abwandlung kann man Kartoffel-pfannkuchen als Pizzaboden-Ersatz verwenden und wie eine Pizza belegen.

800 g Kartoffeln (roh, geschält)	fein reiben.
3 Eier	und
3 – 6 EL Mehl	zugeben. Mit
Salz, Pfeffer	und
Muskat	würzen. Alles gut verrühren. In einer großen Pfanne
Rapsöl	erhitzen und darin etwa 100 g schwere Kartoffelpfannkuchen braten. Die Pfannkuchen sollen nicht zu dick sein, damit sie schön knusprig werden können.

71

Im Odenwald isst man dazu immer Apfelmus (Rezept Seite 151).

Ein Odenwälder Küchenherd

Odenwälder Töpferware

Kartoffelpizza

Von Cristina Holdermüller, Elztal-Dallau, ehemals Kartoffelkönigin Cristina I.

1 kg Kartoffeln	als Pellkartoffel kochen. Heiß schälen und sofort durch eine Kartoffelpresse drücken. Die Kartoffeln etwas auseinander ziehen und abkühlen lassen.
100 g Mehl	darüber streuen, mit
Salz und Muskat	würzen. Alles locker vermischen und mit der Hand zerbröseln.
2 Eier	verquirlen, untermengen und rasch mit den Händen einen Teig kneten. Dabei noch
50 g Mehl	unterarbeiten. Den Teig in eine gefettete Springform drücken und bei 200 °C im Ofen vorbacken.
500 g Pizzatomaten (gehackt, aus der Dose, ohne Flüssigkeit)	abschmecken und auf dem vorgebackenen Teig verteilen.
150 g Schinken (gekocht)	und
1 Paprika (rot)	in Streifen schneiden.
200 g Champignons	in Scheiben schneiden und in etwas
Olivenöl	andünsten. Die Pizza mit Schinken, Paprika und Champignons belegen.
150 g Mozzarella	dünn schneiden und auf die Pizza legen. Weitere 20 Minuten bei 200 °C backen.

Schmackhaft dazu ist ein frischer Blattsalat der Saison.

72

Im Drachenmuseum in Lindenfels

Blick auf Otzberg

Kartoffel-Forellen-Auflauf

Von Landrat a. D. Horst Schnur, Beerfelden-Olfen

800 g Kartoffeln (mittelgroß)	schälen, in dünne Scheiben schneiden und mit
Salz, Pfeffer	würzen. Eine feuerfeste Form mit
Butter	einstreichen und die Hälfte der Kartoffelscheiben einschichten.
1 Zwiebel	in dünne Scheiben schneiden und diese über den Kartoffeln verteilen. Darauf
4 Forellenfilets	legen und würzen. Die restlichen Kartoffeln darauf schichten und ebenfalls würzen.
200 ml Sahne	darüber gießen, mit
2 EL Semmelbrösel	bestreuen.
20 g Butterfett	in Stückchen darauf verteilen und den Auflauf bei 200 °C im Ofen etwa 50 Minuten backen.

73

> *Dazu passt eine bunter Blattsalat und ein leichter Apfelwein oder ein frischer Silvaner aus Groß-Umstadt.*

Alter Heuwender

Der Zwölf-Röhrenbrunnen – die Quelle der Mümling in Beerfelden

Die Reichelsheimer Märchen- und Sagentage – eine wahre Erfolgsgeschichte

Von Jochen Rietdorf

Immer am letzten Wochenende des Oktobers zeigt sich Reichelsheim als die Märchenhauptstadt des Odenwaldes von seiner märchenhaften Seite. Zauberer, Feuerspucker, Magier, Märchenerzähler, Bänkelsänger, Musikanten, Hexen, Gaukler, Händler, Künstler, Handwerker und Puppenspieler kommen zusammen und lassen in den Straßen und Räumen eine imaginäre Welt zwischen Illusion und Wirklichkeit entstehen, die Alt und Jung verzaubert und fasziniert.

Auf dem Mittelaltermarkt bieten Händler und Handwerker allerlei Räucherwerk, Keramik und Töpferware, Kinder-Ritter-Zubehör, Lederhandwerk, edlen Schmuck aus Silber und Bronze, allerhand zum Essen und Trinken, Kunstvolles aus Heu und Stroh, Felle und Fellartikel, Haarkranzflechterei, Laternen, Seifen, Öle und vieles mehr feil.

Seit 1995 versetzt sich Reichelsheim an diesem Wochenende in eine andere Zeit. Durch die jährliche Vergabe eines neuen Mottos bleibt die Spannung stets erhalten und weckt immer wieder die Neugier bei den Besuchern, wie auch die Kreativität der Akteure. Die Reichelsheimer Märchen- und Sagentage erhalten so wertvolle Traditionen und Bräuche am Leben, heben die Bedeutung von Märchen und Sagen hervor und wollen in einer Zeit der Globalisierung den Wert von Heimat und Identität vor Augen zu führen.

Märchenerzähler, Kindertheater, Puppenspiele oder Basteleien beeindrucken und begeistern die Kleinsten. Die Lange Nacht der Märchen und die literarisch-wissenschaftliche Vortragsreihe sind für Erwachsene längst Höhepunkte und lassen die Themen und Inhalte der Märchen und Sagen des jeweiligen Mottos dadurch an Bedeutung und Sinn auf eine andere, intensive Art erleben. Ergänzt durch das kulinarische Angebot wird daraus ein buntes, abwechslungsreiches Programm für die ganze Familie.

Bürgermeister und Organisator

Der Höhepunkt ist der Märchenfestabend mit Verleihung des Wildweibchen-Preises und einem Feuerwerk an Darbietungen der Reichelsheimer Vereine sowie nationaler und internationaler Gäste. Bisher gehörten zu den Preisträgern große Namen der deutschen Jugendbuchliteratur oder Illustratoren wie Willi Fährmann, Hans-Christian Kirsch (Frederik Hetmann), Otfried Preußler, Michail Krausnick, Cornelia Funke, Paul Maar, Christine Nöstlinger, Sigrid Früh, Heinrich Pleticha, Erhard Dietl, Heinz Rölleke, Sabine Friedrichson, Kirsten Boie, Hannelore Marzi und Reinhard Michl.

Doch was hat es mit dem Wildweibchen-Preis auf sich? Woher stammt der Name? Es gibt ihn wirklich, den »Wildweibchenstein«. Hoch reckt sich diese Steinformation im Burgwald, unweit der Ruine Rodenstein. Am Fuße dieses Granitblocks befand sich eine Höhle, in der im frühen Mittelalter die »Wilden Weibchen« gehaust haben sollen, denen gute und böse Taten nachgesagt wurden. So waren sie bekannt für Weissagungen, warnten vor schlimmen Wintern, Hunger- und Pestjahren, halfen mit Kräutern gegen allerlei Gebrechen, straften jedoch auch böse Menschen und solche, die ihr Geheimnis ergründen wollten. So hat der Wildweibchen-Preis seine Wurzeln in dieser sagenreichen Region und macht ihn einzigartig.

75

Der sagenhafte Wildweibchenstein

Alchemikus bringt die Kinder zum Staunen und Lachen.

Meerrettich-Kartoffel-Gemüse

Von Rainer Schäfer, Odenwald-Gasthaus »Zum Hirsch«, Bad König-Fürstengrund

750 g Kartoffeln	waschen, schälen und roh in 5 mm dicke Scheiben schneiden, in
Salzwasser	5 Minuten kochen. Dann abschütten und 30 Minuten auskühlen lassen.
30 g Butter	und
30 g Mehl	in einem größeren Topf anschwitzen.
750 ml Fleischbrühe	zugeben, schnell mit einem Schneebesen verrühren und aufkochen lassen. Dabei ständig rühren. Dann bei kleinster Hitze rund 30 Minuten kochen lassen und dabei mit
Salz, Pfeffer	und
Muskat	kräftig abschmecken. Die Kartoffelscheiben in die Soße geben und vorsichtig vermengen. Wer es gehaltvoller mag, kann auch etwas
Sahne	zugeben. Nochmals abschmecken. Vor dem Servieren frisch geriebenen
Meerrettich	zugeben. Die Menge je nach Schärfe und Geschmack wählen.

Dazu empfehle ich das Rumpsteak aus dem Gemüsesud (Rezept Seite 113) oder Odenwälder Kartoffelbratwürste. Die Odenwälder Kartoffelbratwurst ist eine grobe Bratwurst mit etwa einem Viertel Kartoffelanteil.

76

Der See im Kurpark von Bad König

Ein sonniger Wintertag in Erlau

Odenwälder Kartoffelpfännchen

Von Reinhard Schreek, Groß-Umstadt

1 kg Pellkartoffeln (vom Vortag)	in dünne Scheiben schneiden.
1 Zwiebel	schälen und in kleine Würfel schneiden. Diese dann in einer großen, gusseisernen Pfanne mit
1 EL Schweineschmalz	glasig dünsten. Die Kartoffeln zugeben und kräftig anbraten.
Je 80 g Schwartemagen, Leber- und Blutwurst	in Scheibchen schneiden, dazugeben und kräftig weiter braten.
4 Eier	in einer Schüssel verquirlen, darüber gießen und stocken lassen. Mit
Salz, Pfeffer	würzen und servieren.

Das Karoffelpfännchen mit Gewürzgurken oder einen frischen Salat servieren. Als Getränke passen ein kräftiger Apfelwein oder ein klassisches Odenwälder Pils.

77

Das Alte Schloss in Bad König

Odenwälder Keeskadoffel (Käse-Kartoffel)

Von Rainer Schäfer, Odenwald-Gasthaus »Zum Hirsch«, Bad König-Fürstengrund

1 kg Kartoffel (festkochend)	am Vortag kochen, schälen und kalt stellen. Dann in dünne Scheiben schneiden und in heißem
Rapsöl	in einer Pfanne knusprig braten.
1 Zwiebel	in Würfel schneiden, dazugeben und mit
Salz	würzen. Die Kartoffeln auf eine große, flache Porzellanplatte oder eine Servier-Pfanne geben.
200 g Odenwälder Hartkäse	in Scheiben schneiden und die Kartoffeln damit reichlich belegen. Dann im Backofen bei starker Oberhitze überbacken.

> *Dazu süß-sauer eingelegtes Gemüse servieren.*
> *Ein kräftiger Apfelwein ist ein guter Begleiter.*

Miltenberg am Main – hoch über dem Schwarzviertel thront die Mildenburg.

Blühendes Kartoffelfeld

Hausgemachte Pommes mit Rosmarin-Gewürzsalz

Von Christiane Böhm, Fränkisch-Crumbach, ehemals Kartoffelkönigin Christiane II.

1 kg Kartoffeln	waschen, schälen und in gleichmäßig dicke (8 mm) Stäbchen schneiden. Diese ein paar Minuten in Wasser legen, um die anhaftende Stärke zu entfernen. Dann auf einem Küchentuch trocknen. In einer Friteuse oder einem hohen Topf
Sonnenblumenöl (Fritierfett)	auf 170 bis 180 °C erhitzen. Darin die Kartoffelstäbchen so lange backen, bis sie eine goldbraune Farbe haben. Vorsicht, nicht zu viele Kartoffelstäbchen in das Fett geben, damit dieses nicht zu sehr abkühlt. Von
1 Zweig Rosmarin (klein)	die Nadeln abstreifen und ganz fein hacken. Diese mit
1 TL Paprika (edelsüß)	
Pfeffer (schwarz, frisch gemahlen)	und
½ TL Salz	vermischen. Damit die fertigen Kartoffelstäbchen bestreuen.

79

Dazu einen Knoblauch-Schmand mit frischen Kräutern reichen.

Mit der Steinknackmaschine können die Kinder das Innere der Steine bestaunen.

Die Kartoffelkönigin kocht mit Kindern.

Die Kartoffel im Odenwald

Im 18. Jahrhundert wurden im Odenwald zunehmend mehr Kartoffeln angebaut. Damit hatten die witterungsbedingten Ernteausfälle, die bei Getreide besonders schlimme Folgen hatten, keine so große Wirkung mehr. Selbst auf relativ kleinen Feldern konnte man Kartoffeln anbauen. Es zeigt sich auch, dass Klima und Boden sich hervorragend eigneten. So entwickelte sich die Kartoffel als ein Hauptnahrungsmittel, das in unglaublich vielen Variationen auf den Tisch kam.

Für die unterschiedlichen Zubereitungen waren Kartoffeln mit unterschiedlichen Eigenschaften notwendig. Das macht sich in erster Linie am Stärkegehalt fest – fest kochend, vorwiegend fest kochend oder mehlig kochend. Bei der Zucht von neuen Sorten waren das wichtige Kriterien neben Boden, Schädlingsbefall und Krankheitsresistenz. Die im Jahr 1900 in Groß-Bieberau gegründete Kartoffelzucht Böhm – heute auf dem Kohlbacher Hof bei Brensbach – hat hierbei sicher einen sehr großen Anteil. Sorten wie Ackersegen (1929) oder Sieglinde (1935) waren in den früheren Jahren die wichtigsten und sicher die bekanntesten.

Bei der Zubereitung müssen die Kocheigenschaften unbedingt beachtet werden. So kann man aus einer fest kochenden Salatkartoffel keine Klöße machen, aus einer eher mehlig kochenden Sorte kann man keinen Kartoffelsalat machen. Auch sollte man während der Erntezeit darauf achten, dass die Kartoffeln nach der Ernte eine gewisse Lagerzeit benötigen, damit sich Stärke und Wasser in der Knolle ausgleichen können.

mehlig kochend (geeignete Sorten: Afra, Camilla, Gunda, Melba)
verbinden sich sehr gut mit Flüssigkeiten, als Pellkartoffel platzen sie gerne auf, für Kartoffelmassen wie Klöße und Krapfen, Suppe, Stampfkartoffel, Brei, Pfannkuchen

vorwiegend fest kochend (geeignete Sorten: Agria, Finka, Laura, Leyla, Marabel, Quarta, Rosella)
Pellkartoffel, Salzkartoffel, Salat, Bratkartoffel, Ofenkartoffel, Eintopf (als Stücke), Gratin, Rösti, Pommes frites

*Kartoffelkönigin Barbara mit Prinzessin Melissa
und ehemaligen Kartoffelköniginnen*

fest kochend (geeignete Sorten: Belana, Cilena, Nicola, Regina, Sieglinde) platzen kaum auf, Pellkartoffel, Salat, Bratkartoffel, Ofenkartoffeln, alle Zubereitungen als Stücke

Einige Tipps zum Abschluss

Geschält können Kartoffeln mit kaltem Wasser bedeckt im Kühlschrank zwei bis drei Tage gelagert werden. Für Kartoffelmassen aus kalten Kartoffeln sollten diese schon am Vortag gekocht und über Nacht im Kühlschrank gelagert werden. Bei Massen von heißen Kartoffeln müssen diese gut abgedämpft werden, damit so wenig wie möglich Feuchtigkeit in der Masse verbleibt. Massen aus roh geriebenen Kartoffeln müssen immer schnell verarbeitet werden, da ansonsten zuviel Wasser mit Stärke austritt und damit die Bindefähigkeit schwächer wird, sowie auch Verfärbungen auftreten können. Kartoffelsalat sollten Sie möglichst aus noch warmen Kartoffeln machen, damit diese die Gewürze besser aufnehmen. Kartoffeln sollten immer dunkel und kühl gelagert werden. Der Lagerraum sollte auch genügend Luftfeuchtigkeit haben, damit die Kartoffeln nicht austrocknen.

Odenwald-Gasthaus-Köche lieben Odenwälder Kartoffeln.

81

Kartoffelverkauf auf dem Höchster Kartoffelmarkt

Odenwälder Backhauskartoffeln

Von Christel Schwöbel, Reichelsheim-Gumpen

600 g Kartoffeln (geschält)	und
750 g Kammrippchen (gepökelte Kammkoteletts)	in gleich große Würfel schneiden.
50 g Speck (durchwachsen)	in kleine Würfel schneiden.
450 g Lauch	und
200 g Zwiebel	in Streifen schneiden. Alles zusammen vermischen, mit
Salz, Pfeffer	und
Paprika	würzen und in einen ausgebutterten Bräter füllen.
700 ml Apfelwein	aufgießen und
200 ml saure Sahne	darüber verteilen. Zugedeckt in den vorgeheizten Backofen bei 200 °C schieben. Die Backhauskartoffeln brauchen etwa 2 Stunden. Die letzte halbe Stunde den Deckel abnehmen, damit die obere Schicht bräunen kann.

Dazu schmeckt natürlich ein herzhafter Odenwälder Apfelwein. Man kann anstelle des Lauchs auch anderes Gemüse nehmen.

Getreideähren wiegen sich im Sommerwind.

Ein Odenwälder Backhaus

Zwetschgen-Knödel

Von Melissa Haas, Hesseneck-Kailbach, Kartoffelprinzessin Melissa I.

700 g Kartoffeln	als Pellkartoffel kochen und etwas abkühlen lassen. Dann schälen, durch die Presse drücken und mit
250 g Mehl	
40 g Butter (weich)	
1 Ei	und
1 Prise Salz	zu einem Teig verarbeiten. Von
1 kg Zwetschgen (mit Stein)	jede mit dem Kartoffelteig umhüllen und Knödel formen. Die Knödel in kochendes, leicht gesalzenes Wasser geben. Aufkochen, bis alle Knödel nach oben kommen und 5 bis 7 Minuten bei geringer Hitze leicht kochen lassen. Anrichten, mit
Butter (flüssig)	überträufeln, mit
Mohn (gemahlen)	und
Puderzucker	bestreuen.

83

Schloss Waldleiningen – das kleine »Windsor Castle« im Odenwald. In der Klinik können sich viele Menschen gut erholen. Daher sind keine Besichtigungen möglich.

Kürbis und Kartoffel auf dem Wochenmarkt in Erbach

Grünkernrisotto

1 Zwiebel (klein)	schälen und in feine Würfel schneiden. Diese in
20 g Butter	glasig dünsten.
200 g Grünkern	waschen, abtropfen lassen und zu den Zwiebeln geben. Mit
400 ml Fleisch- oder Gemüsebrühe	aufgießen und aufkochen lassen. Mit
Salz, Pfeffer	und
Muskat	würzen. Den Topf auf kleinste Hitze stellen und zudecken. Öfter umrühren und dabei die Flüssigkeit kontrollieren. Der Grünkern soll die komplette Flüssigkeit aufnehmen und dabei weich werden. Falls die Kerne noch nicht weich sind, noch mehr Brühe zugeben. Die Garzeit liegt bei 45 bis 60 Minuten. Zum Anrichten
50 ml Sahne	zugeben, nochmals gut durchkochen und abschmecken.

84

Der Grünkernrisotto kann mit fein gewürfeltem Speck oder Dörrfleisch, geriebenem Käse, mit allerlei Kräutern und Pilzen oder gewürfeltem Gemüse ergänzt werden.

Blick auf den Wallfahrtsort Walldürn

Die »Hochzeitstorte« in der Tropfsteinhöhle in Eberstadt

Brotspatzen

Von Christoph Bertsch, Odenwald-Gasthaus »Zum Schützenhof«, Reichelsheim-Gumpen

500 g Mehl	mit
4 Eier	
200 ml Milch	
2 EL Petersilie (fein gehackt)	
2 EL Zwiebelwürfel	
50 g Dörrfleisch (gewürfelt)	und
2 Brötchen (gewürfelt)	zu einem glatten Teig verarbeiten. Mit einem Löffel Nocken abstechen und in kochendem
Salzwasser	garen. Auf ein Sieb schütten, mit
kaltem Wasser	abspülen und abtropfen lassen. Danach in einer Pfanne mit
Butter	bräunen.

85

Apfelwein-Sauerkraut

1 Zwiebel	in Streifen schneiden, in
20 g Butter	andünsten.
600 g Sauerkraut (frisch)	abwaschen und in den Topf geben. Mit
250 ml Apfelwein	aufgießen und ein Tee-Ei mit
1 Lorbeerblatt	
10 Pfefferkörner	
5 Wacholderbeeren	und
5 Nelken	zugeben. Mit
Salz und Zucker	würzen. Das Sauerkraut zugedeckt so lange kochen lassen, bis es weich ist.
1 Kartoffel (groß)	fein reiben und schnell unter das kochende Sauerkraut mischen, damit es abbindet.

Das Renaissence-Schloss Lichtenberg

Kartoffel-Meerrettich-Püree

Von Jochen Katzmaier, Hotel »Haus Schönblick«, Mossautal-Güttersbach

800 g Kartoffeln (mehlig kochend)	waschen, schälen und in grobe Stücke schneiden. Die Kartoffeln in
Salzwasser	weich kochen. Das Kochwasser abschütten, die Kartoffeln ausdünsten lassen.
200 ml Milch	mit
50 g Butter	
Salz und Muskat	aufkochen. Die Kartoffeln durch die Kartoffelpresse drücken und in die heiße Milch einrühren. Die Konsistenz des Pürees kann mit etwas mehr oder weniger Milch verändert werden. Erst kurz vor dem Anrichten etwa
40 – 60 g Meerrettich	frisch reiben und unterziehen. Das Püree noch einmal abschmecken.

86

> *Das Kartoffel-Meerrettich-Püree passt sehr gut zu den »Im Apfelgewürzsud geschmorte Schweinebäckchen« (Rezept Seite 100) und zu vielen anderen Fleischgerichten.*

Kohlenmeiler am Breuberg

Sonnenstrahlen im Wald bei Ober-Mossau

Kartoffelgratin

Gerhard Fritz, Odenwald-Gasthaus »Zum Kreiswald«, Rimbach-Kreiswald

	Eine größere Auflaufform mit
1 Knoblauchzehe	ausreiben und mit
30 g Butter	ausstreichen.
800 g Kartoffeln	schälen, in dünne Scheiben schneiden. Diese mit
Salz, Pfeffer	und
Muskat	würzen und in die Auflaufform schichten.
150 ml Sahne	und
150 ml Milch	darüber gießen und in den vorgeheizten Ofen bei 160 °C schieben. Je nach Höhe der Form etwa 1½ Stunden garen.

Der Kartoffelgratin schmeckt sehr gut zu den Ochsenbacken (Rezept Seite 107) oder anderem gebratenem und geschmortem Fleisch. Man kann auch Kräuter zugeben oder frische Pilze.

87

Waldsee im Fischbachtal

Der Ireneturm auf der Tromm

Spitzbuwe

Von Thomas Löw, Odenwald-Gasthaus »Zum Löwen«, Brombachtal

300 g Pellkartoffeln (vom Vortag)	fein reiben oder durch die Presse drücken.
100 g Mehl	dazugeben und das Ganze mit
2 Eigelb	vermengen. Mit
Salz und Muskat	würzen. Aus der Masse nun fingerlange und -dicke Teigrollen formen. Diese in kochendes
Salzwasser	geben. Wenn sie nach oben kommen, die Hitze reduzieren und die Spitzbuwe noch 5 Minuten ziehen lassen. In kaltem Wasser abschrecken und auf einem Sieb abtropfen lassen. Zum Anrichten die Spitzbuwe in einer Pfanne mit etwas
Butterschmalz	unter öfterem Schwenken erhitzen und dabei leicht bräunen.

88

Man kann der Masse Kräuter, Sesam oder gehackte Nüsse zugeben.

Gleitschirmflieger über Lindenfels

Im Odenwald gibt es viele Reitmöglichkeiten.

Apfel-Rotkraut

2 Zwiebeln	und
2 Äpfel	schälen und in Streifen schneiden. Diese in
50 g Gänseschmalz	andünsten.
800 g Rotkraut	in Streifen schneiden, dazugeben und gut andünsten.
1 Lorbeerblatt	sowie einige
Nelken	
1 TL Zimt	
100 g Zucker	
300 ml Rotwein	und
100 ml Essig (hochwertig)	dazugeben, aufkochen lassen und mit
Salz, Pfeffer	abschmecken. Das Rotkraut etwa 2 Stunden leicht kochen lassen. Dabei öfter umrühren. Zum Schluss kann das Rotkraut mit fein geriebener, roher
Kartoffel	noch etwas gebunden werden.

> *Als Essig empfehle ich Rotwein-, Himbeer- oder Apfelessig*

89

> *Das Rotkraut passt hervorragend zu Schmorgerichten von Rind, Schwein oder Wild.*

Das Weinheimer Schloss ist ein ehemaliges Schloss der kurpfälzer Fürtsten.

Im Schau- und Sichtungsgarten Hermannshof in Weinheim

Gräfliche Sammlungen Schloss Erbach

Barbara Simon

Ein Schloss mit wertvollen Schätzen

Das Erbacher Schloss verbirgt hinter seiner Fassade im neobarocken Stil die wertvollen Sammlungen des Grafenhauses zu Erbach-Erbach. Den Grundstein der heutigen Schätze legte Graf Franz I. (1754 bis 1823). Zu unterschiedlichen Themen hat der letzte regierende Fürst wertvolle Objekte gesammelt und stellte in den Räumen des Schlosses sein universelles Denken unter Beweis.

Die Einmaligkeit besteht darin, dass Graf Franz I. ganz im Sinne der Aufklärung die Objekte um sich versammelte, mit ihnen und zwischen ihnen lebte. Dass dieses Ensemble bis heute so erhalten werden konnte, ist besonders außergewöhnlich. Graf Franz I. kümmerte sich selbst um die Ausstattung der Räume. Um seine wertvollen griechischen und römischen Skulpturen unterzubringen, wurden nach seinen Vorgaben die »Römischen Zimmer« geschaffen. Sie dienten Graf Franz I. als Arbeits- und Audienzzimmer, sein Schlafzimmer war mit Bildern griechischer Vasen als »hetrurisches Kabinett« ausgestattet. Er verfasste auch prächtig ausgeschmückte, vollständig erhaltene Kataloge, in denen er seine Sammlungen dokumentierte und erläuterte.

Es ist geradezu ein Glücksfall, dass sich diese Räume noch immer in ihrem authentischen, unrestaurierten Zustand befinden. Sie wirken dadurch so, als sei die Zeit eineinhalb Jahrhunderte stehengeblieben. Der Besucher fühlt sich zurückversetzt in das Leben der Erbacher Grafenfamilie im 19. Jahrhundert. Er erlebt bis heute kein Museum, sondern betritt Repräsentations- und Wohnräume, die mit Kostbarkeiten angefüllt sind und die vielseitigen Interessen des aufgeklärten Grafen zeigen.

Kulturelle Höhepunkte von der Antike bis zum Historismus

Die Antikensammlung gehört zu den bedeutendsten und ältesten Privatsammlungen in Deutschland. Neben den Originalbüsten fast aller großen römischen Kaiser beinhaltet sie auch die Statuen griechischer Athleten die aus dem 2. Jahrhundert n.Chr. stammende Büste Alexander des Großen, die am besten erhaltene Kopie nach einem griechischen Original. Die Objekte stehen in den beiden Antikenzimmern im ersten Obergeschoss noch weitgehend so wie zum Zeitpunkt ihrer Ersteinrichtung um 1800.

Der Oraniersaal im Erbacher Schloss wurde von der Grafenfamilie als Speisesaal genutzt.

Gleich daneben ist das einfache Schlafgemach von Graf Franz I., dessen Wände mit Zeichnungen griechischer Vasen ausgestattet sind. Der Oraniersaal, benannt nach den Porträts von Mitgliedern der gleichnamigen Dynastie, war zunächst Empfangszimmer und wurde seit dem 19. Jahrhundert als Speisezimmer genutzt. Wertvolle Fayencen und kostbare Gläser bildeten ein stilvolles Ambiente für die Gäste.

Schloss Erbach und die Orangerie

91

Römisches Zimmer mit originalen, antiken Büsten berühmter Männer der Antike

In jedem der drei auf den Oraniersaal folgenden Salons geben originale Stuckverzierungen oder Wandbespannungen und die dazu passende Möblierung einen Eindruck vom Aussehen der Räume gegen Ende des 18. Jahrhunderts. In allen Salons brachte der Enkel von Graf Franz I., Eberhard XV. (1818 bis 1884), weitere Teile der Sammlungen des Grafenhauses unter. Im »Chinesischen Zimmer« beeindrucken die Etageren mit kostbarer ostasiatischer Keramik. Im Grünen Salon erwartet den Besucher der Blick auf die umfangreiche Sammlung griechischer und süditalienischer Vasen. Graf Franz I. hatte diese Originale aus der Zeit vom 5. bis 3. Jahrhundert v.Chr. selbst in Italien angekauft und sie über die Alpen transportieren lassen. Im Roten Salon mit seiner erhaltenen Textiltapete und den dazugehörigen Louis-Seize-Möbeln sind Werke der Kleinkunst und Skulpturen zu sehen.
An die repräsentativen Räume auf der Marktplatzseite schließen sich auf der Rückseite zum Schlosshof hin die intimeren Wohnbereiche an: Neben einem weitläufigen Schlafzimmer befanden sich dort ein Wohnzimmer und ein kleines Kabinett, daneben die Bibliothek.

Das Wohnzimmer mit seiner Einrichtung vor allem aus dem 19. Jahrhundert, den vielen Familienporträts und Miniaturen bildet, einen Gegensatz zu den Repräsentationsräumen. Hier zeigt sich dem Besucher die ganz private, fast »bürgerlich« wirkende Welt der Grafenfamilie am Ende des 19. Jahrhunderts.

Die Hirschgalerie wurde Mitte des 19. Jahrhunderts von Graf Eberhard XV. als repräsentativer Empfangssaal eingerichtet. Blickfang bildet die Sammlung kapitaler Hirschgeweihe des Grafen Franz. Die prachtvoll geschnitzte Decke stammt aus dem ehemaligen Kloster Rot. Naturkundliches Interesse und ein Faible für die Jagd wird durch die Gehörn- und Geweihsammlung bekundet. Sie umfasst alle denkbaren Varianten, die auf Größe, Gewicht und krankhafte Deformierungen zurückzuführen sind.

Den Rittersaal, eine sehr frühe neugotische Innenarchitektur, ließ Graf Franz I. bereits vor 1805 speziell für seine Sammlungen errichten und schmückte ihn mit kostbaren mittelalterlichen Glasfenstern und den Wappenschildern seiner Familie aus. Hier ist die Sammlung der Rüstungen und mittelalterlichen Waffen aufgestellt. Nebenan in der Waffenkammer befindet sich die große Kollektion von Schusswaffen, die in der damaligen Zeit wie eine Art umfassender kunsthandwerklicher Katalog zu verstehen war.

*Triumphwagen im
Deutschen Elfenbeinmuseum Erbach*

Odenwälder Grüngemüse

Von Christel Schwöbel, Reichelsheim-Gumpen

250 g Grünkohl	vom Strunk abstreifen.
1 Wirsing (etwa 500 g)	vierteln und den Strunk herausschneiden. Beides waschen und in einem großen Topf in
Salzwasser	etwa 20 Minuten kochen. In der Zwischenzeit
250 g Lauch	längs durchschneiden und unter fließendem Wasser waschen. In große Stücke schneiden und diese 5 Minuten mitkochen lassen. Dann alles abgießen, den Fond aufheben und das Gemüse durch den Fleischwolf lassen.
40 g Butter	im Topf erhitzen.
1 kleine Zwiebel	in Würfel schneiden und in der Butter glasig dünsten.
40 g Mehl	dazugeben und glatt rühren.
125 ml Milch	dazu gießen und mit so viel Fond, in dem das Gemüse gekocht wurde, auffüllen, bis es eine dickflüssige Soße ergibt. Ein paar Minuten kochen lassen. Jetzt die Gemüsemasse untermengen und mit
Salz, Pfeffer, Muskat	abschmecken.

93

Dazu schmeckt gekochter, gesalzener Schweinebauch oder auch Spiegeleier sowie Stampfkartoffeln oder Kartoffelbrei.

Rinder auf den Schleiersbacher Weiden

Das »Mundloch«, der Eingang eines Stollens am Bergbaulehrpfad bei Reichelsheim

Süß-saure Zucchini

Von Rainer Schäfer, Odenwald-Gasthaus »Zum Hirsch«, Bad König-Fürstengrund

2 kg Zucchini (groß)	vierteln und das weiche Innere mit den Kernen herausschaben. Das Zucchini-Fleisch in 2 cm große Würfel schneiden und in
Salzwasser	kurz blanchieren. Herausnehmen und schnell abkühlen lassen.
1 l Weinessig	
1½ kg Zucker	
5 Nelken	und
2 Zimtstangen	aufkochen und 30 Minuten einkochen. Den Sud durch ein Sieb geben und abkühlen lassen. Dann über die Zucchinistücke geben und über Nacht ziehen lassen.

94

Man kann die Zucchinistücke auch in Schraubgläser füllen, mit dem Sud übergießen und 25 Minuten bei 90 °C einkochen.

Die Odenwaldtherme in Bad König

Speckwirsing

Von Thomas Löw, Odenwald-Gasthaus »Zum Löwen«, Brombachtal

1 Wirsing (etwa 600 g)	putzen und bei den großen Blättern die Strünke herausschneiden. Den Wirsing in kochendem
Salzwasser	blanchieren und in kaltem Wasser abschrecken. Dann in dünne Streifen schneiden.
50 g Dörrfleisch	und
1 Zwiebel	fein würfeln und in einer großen Pfanne anbraten. Den Wirsing zugeben, mit
Salz, Pfeffer	und
Muskat	würzen und einige Minuten schmoren lassen.

> *Man kann dem Wirsing auch noch etwas Sahne zufügen.*
> *Das Gemüse passt sehr gut zu Lamm und Rind.*

95

Vor 1300 Jahren haben Benediktiner das Kloster Amorbach gegründet. Die alte Klosteranlage wurde vor 200 Jahren durch diese schöne Barockkirche mit dem weitläufigen Konventsbau ersetzt.

Waldbrücke im Himmelreich bei Wald-Michelbach

Apfelweinkotelett

Von Christel Schwöbel, Reichelsheim-Gumpen

> *Hierzu passt ein kräftiger Bohnapfel-Apfelwein. Dazu serviert man Bratkartoffeln und einen frischen Salat der Jahreszeit.*

4 Schweinenackenkoteletts (à 150 g, ohne Knochen)	würzen, in
Mehl	wenden und in heißem
Fett	in einer Pfanne anbraten. Dann in eine große, feuerfeste Form legen.
2 mittelgroße Zwiebeln	schälen und würfeln.
200 g braune Champignons	in Scheiben schneiden.
2 mittelgroße Äpfel	ebenfalls würfeln. Zwiebel, Champignons und Äpfel in
3 EL Öl	andünsten und mit
Salz, Pfeffer	würzen. Das Ganze mit
200 ml Apfelwein	ablöschen und aufkochen lassen. Diese Mischung auf den Koteletts verteilen.
60 g Butter	mit
3 EL Semmelbrösel	aufkochen und darüber geben. Bei 180 °C im vorgeheizten Ofen etwa 15 bis 20 Minuten durchziehen lassen.

96

Das Renaissance-Rathaus von Groß-Umstadt wurde um 1600 erbaut.

Junge Leute beim Keltern – so bleibt auch der Apfelwein jung!

Biergulasch

Von Thomas Löw, Odenwald-Gasthaus »Zum Löwen«, Brombachtal

750 g Schweinfleisch aus der Schulter	abwaschen, trocken tupfen und in mundgerechte Stücke schneiden.
300 g Zwiebeln (klein)	schälen, in Streifen schneiden.
4 EL Pflanzenfett	in einem Bräter erhitzen und das Fleisch darin anbraten. Die Zwiebeln dazugeben und ebenfalls leicht anbraten lassen. Mit
Salz	und
½ TL Kümmel (gemahlen)	würzen.
1 Zweig Oregano	
1 Zweig Rosmarin	sowie die Hälfte von
500 ml Bio-Pils	zugeben. Nun zugedeckt bei schwacher Hitze rund 45 Minuten schmoren lassen.
150 g Champignons (frisch)	putzen, waschen und in Viertel schneiden.
4 EL Schwarzbrot (gerieben)	ebenfalls dazugeben. 10 Minuten vor Ende der Garzeit den Rest des Pils hineingießen. Dann mit
Salz	und
Pfeffer (schwarz, frisch gemahlen)	abschmecken. Vor dem Servieren noch die Kräuterstängel herausnehmen.

> *Dazu schmeckt ein Odenwälder Pils.*

97

Blühende Sonnenblumen

Raureif am Gumpener Kreuz

Odenwälder Kochkäs'schnitzel

Von Dieter Mohr, Odenwald-Gasthaus »Mümlingstube«, Erbach

4 Schweineschnitzel (à 160 g)	weich klopfen und mit
Salz, Pfeffer	würzen, in
Mehl	wenden.
1 Ei	mit
1 EL Milch	verquirlen. Die Schnitzel durchziehen und in
Semmelbrösel	panieren. Gut andrücken. In einer großen Pfanne
Schweineschmalz	erhitzen und darin die Schnitzel goldgelb braten.
1 Zwiebel	in kleine Würfel schneiden und in einem Töpfchen in
20 g Butter	glasig anschwitzen.
1 TL Mehl	zugeben und mit
2 EL Sahne	verrühren.
500 g Kochkäse	zugeben und gut verrühren. Mit
Salz, Pfeffer	und
Weißwein	abschmecken. Die Schnitzel auf Tellern anrichten und den Kochkäse darüber geben.

98

> *Zu diesem Gericht passen besonders gut Bratkartoffeln und ein frisches Bier.*

Wanderer finden sich mit der sehr guten Beschilderung immer leicht zurecht.

Der Nibelungensteig führt am Eutersee bei Schöllenbach vorbei, 124 Kilometer von Zwingenberg nach Freudenberg quer durch den Odenwald.

Schnibbelbohnen mit Kartoffeln und Lakefleisch

Von Christoph Bertsch, Odenwald-Gasthaus »Zum Schützenhof«, Reichelsheim-Gumpen

Die Schnibbelbohnen

500 g grüne Bohnen (breit)	putzen und in kleine Stücke schneiden (schnibbeln).
300 g Kartoffeln	und
1 Karotte	schälen, in kleine Würfel schneiden.
1 kleine Zwiebel	würfeln, in einem Topf mit
Butterschmalz	anschwitzen. Bohnen, Kartoffeln und Karotten zugeben, mit
Salz, Pfeffer	und
Muskat	würzen.
600 ml Fleischbrühe	
50 g Dörrfleisch	und
1 Zweig Bohnenkraut	zugeben, etwa 30 Minuten bei mittlerer Hitze kochen lassen. Das Dörrfleisch nicht mit servieren.

99

Das Lakefleisch

750 g Schweinefleisch (gepökelt)	in einem Topf mit Wasser bedeckt zum Kochen bringen.
1 kleine Zwiebel	
4 Nelken	
1 Lorbeerblatt	und
8 Wacholderbeeren	zugeben und so lange kochen lassen, bis das Fleisch weich ist.

> *Für das gepökelte Schweinefleisch empfehle ich Kamm, Schulter oder Bauch.*

Blick vom Auerbacher Schloss in die Rheinebene

Im Apfelgewürzsud geschmorte Schweinebäckchen

Von Jochen Katzmaier, Hotel »Haus Schönblick«, Mossautal-Güttersbach

750 g Schweinebäckchen	in etwas
Öl	anbraten.
100 ml Apfelsaft (naturtrüb)	
500 ml Apfelwein	
150 g Zucker (braun)	und
100 ml Bergsträßer Weinbrand	mit
1 Chillischote	
1 Vanilleschote (längs halbiert)	und
1 Zimtstange	aufkochen. Die Schweinebäckchen in den Sud geben und darin bei geringer Hitze langsam schmoren, bis sie gar sind.

Als Beilage Kartoffel-Meerrettich-Püree (Rezept Seite 86) und karamellisierte Äpfel reichen. Gut dazu schmeckt ein herzhafter Odenwälder Apfelwein.

100

Die römische Villa Haselburg, bei Hummetroth, die bislang größte bekannte und am weitesten durch Grabungen erforschte »Villae Rusticae« Hessens

Nachbau eines historischen Holzwachtturm am Limes

Schweinsbraten mit Senfkruste

750 g Schweinebraten (Schulter oder Kamm) mit

Salz, Pfeffer würzen und in heißem

Butterschmalz in einem Bräter anbraten.

Je 1 Zwiebel, Karotte

1 kleine Stange Lauch putzen und in gleichmäßige Stücke schneiden. Diese zum Fleisch geben. Den Braten rundherum mit

2 EL Senf (grob) einreiben. Den Bräter in den vorgeheizten Ofen bei 180 °C schieben und den Schweinebraten darin etwa 2 Stunden braten. 30 Minuten vor Ende der Garzeit

2 EL Tomatenmark zugeben und mit dem Gemüse vermischen. Sobald das Fleisch gar ist, herausnehmen und warm stellen. Den Bratensatz mit Wasser und etwas

Wein ablöschen und passieren. Die Soße eventuell noch etwas einkochen lassen und dabei abschmecken.

101

Anstelle von Wein kann man auch Apfelwein oder Bier zum Ablöschen nehmen.

Der Zunftbaum in Rodau zeigt die Zunftzeichen aller Handwerker des Ortes

An der Bergstraße gibt es viele Weinfeste wie hier in Zwingenberg

Apfelwein ist das Getränk der Odenwälder

Anno 800 erlässt Kaiser Karl der Große für alle seine Königsgüter die Anweisung »capitular de villis«: »Jeder Amtmann soll in seinem Bezirk tüchtige Meister haben: Eisen-, Silber- und Goldschmiede ... und solche Leute, die berauschende Getränke, sei es Bier, Apfel- und Birnenmost oder andere gute Getränke zu bereiten verstehen ...«. Zu diesen Gütern gehörte auch das Reichskloster Lorsch, das viele Besitzungen im Odenwald hatte. So ist davon auszugehen, dass zu dieser Zeit im Odenwald schon Apfelwein hergestellt wurde.

Bei jeder Hofreite gab und gibt es heute noch einen Baumgarten (Bangert), der mit verschiedenen Obstsorten für unterschiedliche Verwendung bestückt ist. Für den Apfelwein werden die spät reifenden und festen Apfelsorten bevorzugt. Das milde Klima des Odenwaldes ist für die Reifung dieser Äpfel besonders geeignet. Allerdings gibt es durch die Alternanz der Bäume eigentlich nur alle zwei Jahre eine reiche Ernte. Dies ist dem Odenwälder Apfelwein jedoch egal, da er durch die traditionellen Sorten genügend Säure und Gerbstoff besitzt, um auch älter zu werden.

Apfelwein war schon immer das Getränk der Odenwälder. Jeder konnte ihn selbst herstellen. In vielen Orten gab es eine Kelteranlage, die von allen genutzt werden konnte oder man kelterte bei jemandem, der eine Kelter hatte. Daraus entstanden dann die Keltereien. Das Vergären und Lagern im Keller war und ist auch heute noch die übliche Vorgehensweise. Früher wurde er in Krügen ausgeschenkt und so auch mit auf die Arbeit und auf's Feld genommen. So war Apfelwein immer

Der »Rote Trierer Weinapfel« ist einer der wichtigen Apfelwein-Äpfel

Die Odenwälder Apfelweinvielfalt

verfügbar und durch die Gärung frei von schädlichen Keimen. Erst durch Einsatz von Maschinen wurde die Abfüllung in Flaschen und dadurch ein leichter Transport möglich.

Um das Potential der alten Sorten und deren Qualität noch mehr in den Vordergrund zu stellen, beschäftigen sich einige Kelterer mit der Herstellung von sortenreinen Jahrgangs-Apfelweinen, wie beim Wein auch. Diese erzielen insofern hohe Beachtung, da auf einmal fast vergessenen Apfelsorten, wie zum Beispiel Reichelsheimer Weinapfel, Gewürzluiken, Goldparmäne oder Graurenette, um die man sich viele Jahre nicht gekümmert hatte, wieder auftauchen. Bei den verschiedenen Sorten ergeben sich natürlich erhebliche Geschmacksunterschiede, die durch den jeweiligen Jahrgang noch zusätzlich beeinflusst werden. Auffallend ist, dass diese Apfelweine einen wesentlich höheren Alkoholgehalt haben.
Weitere Möglichkeiten der Veredlung sind Apfelschaumweine – die hier in Champagnerqualität erzeugt werden – Cidre, Apfelperlweine oder Apfeldessertweine.
Der Odenwald bietet eine unglaubliche Geschmacksvielfalt an Apfelgetränken.

103

Obstbaumblüte im Odenwald

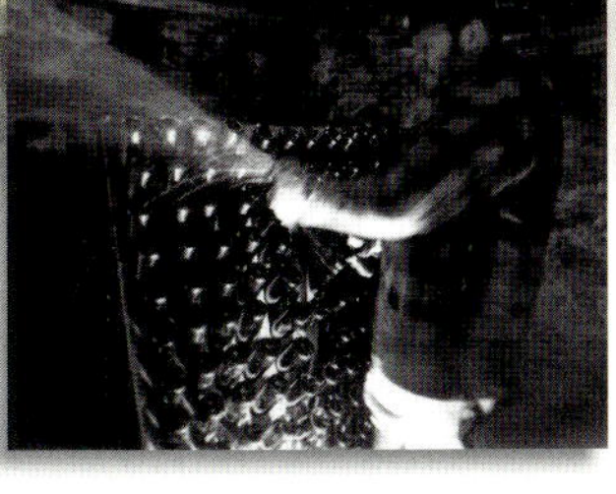

Die Champagner-Version eines Apfelweines–
hier wird der Apfelwalzer von Dieter Walz degorgiert

Schleiersbacher Krustenbraten vom Limousin-Weidekalb

Bei der Auswahl des Fleisches sollte man darauf achten, dass der Braten seine optimale Reifezeit hatte. Das sind vom Schlachttag an gerechnet 3 Wochen. Als Weidekalb werden Tiere bezeichnet, die noch Muttermilch trinken, aber auch schon Gras, Heu oder anderes festes Futter fressen. Rechtlich müsste es als Jungrind bezeichnet werden. Dieses Fleisch hat noch die Kalbeigenschaften, ist aber in der Farbe dunkler und im Geschmack kräftiger. Das Weidekalbfleisch etwa 30 Minuten vor der Zubereitung aus dem Kühlschrank nehmen, damit es sich langsam an das Raumklima gewöhnt. Wichtig beim anschließenden Aufschneiden des Bratens: immer gegen die Faser dünn aufschneiden.

Von Christoph Böhm, Hof Schleiersbach, Fränkisch-Crumbach

104

800 g Weidekalbfleisch (Bug oder Hals)	mit
Pfeffer (frisch gemahlen)	einreiben. In einem passenden Bräter
Sonnenblumenöl	erhitzen und darin das Fleisch von allen Seiten knusprig braun anbraten. Dann herausnehmen und rundherum mit
1 EL Balsamico-Senf	einreiben. Jetzt
1 Zwiebel	fein würfeln und mit
1 Lorbeerblatt (frisch)	im Bräter bräunen. Sobald die Zwiebeln eine schöne Farbe haben, das Fleisch wieder einlegen und den Braten bei 160 °C im Ofen etwa 45 Minuten schmoren. Den Braten dann in Alufolie wickeln und 15 Minuten nachziehen lassen. Der Bratensud kann mit
Stärke oder Mehlbutter	noch etwas abgebunden werden.

> *Dazu passen Balleklöß' (Rezept Seite 60) und Rotkraut (Rezept Seite 89).*

Der Brunnen im Burghof der Ruine Rodenstein

Gefüllte Brust vom Weidekalb in Thymiansoße

800 g Kalbsbrust (ohne Knochen)	quer eine Tasche einschneiden. Für die Füllung
4 Brötchen (vom Vortag)	in Scheiben schneiden und in einer Schüssel mit etwa
150 ml Milch	übergießen.
2 Eier	zugeben, mit
Salz, Pfeffer, Muskat	würzen.
200 g Pilze (frisch)	putzen, waschen und in kleine Stücke zerteilen. Diese mit
Rapsöl	in einer Pfanne gut andünsten lassen. Es soll sich dabei kein Fond sammeln, ansonsten die Pilze auf einem Sieb abtropfen lassen. Die Pilze dann zu den Brötchen geben und alles gut vermischen. Damit die Kalbsbrust füllen und die Öffnung mit Küchengarn zunähen oder mit Schaschlikspießen zustecken.
200 g Röstgemüse	in Würfel schneiden und in einen für das Fleisch passend großen Topf mit etwas
Rapsöl	geben.
1 Knoblauchzehe	halbieren und mit
1 Zweig Thymian	in den Topf geben. Das Fleisch mit
Salz, Pfeffer	würzen und auf das Gemüse legen. In den vorgeheizten Ofen bei 130 °C schieben und etwa 3 Stunden garen. Dann das Fleisch herausnehmen und warm stellen. Den Bratensatz abpassieren und auf 0,2 Liter reduzieren.
200 ml Grundsoße (braun)	und
100 ml Rotwein	zugeben, alles auf etwa 0,4 Liter reduzieren. Von
1 Zweig Thymian	die Blättchen abzupfen und klein hacken, dazugeben und die Soße abschmecken. Eventuell mit in Wasser angerührter
Stärke	abbinden.

105

Als Beilagen eignen sich Kartoffelgratin (Rezept Seite 87) oder Spitzbuwe (Rezept Seite 88) sowie frisches Gemüse der Jahreszeit.

Das Grabdenkmal des Junker Hans von Rodenstein in der evangelischen Kirche in Fränkisch-Crumbach

Hochrippe in Kräuterbutter gebraten auf Wurzelgemüse

Von Jochen Katzmaier, Hotel »Haus Schönblick«, Mossautal-Güttersbach

1 kg Hochrippe (gut abgehangen)	in 2 Steaks à 500 g schneiden. Diese auf ein Backblech oder auf Teller legen und mit flüssiger
Butter	bestreichen. Dann im vorgeheizten Ofen bei 100 °C etwa 35 Minuten garen. Dabei jeweils nach 10 Minuten wenden.
250 g Karotten	
250 g Sellerieknolle	und
250 g Petersilienwurzel	schälen und in 1 cm große Würfel schneiden. Diese in
Butter	weich dünsten. Die Steaks dann in einer Pfanne in
Kräuterbutter	nachbraten und dabei mit
Gewürzsalz	würzen. Das Fleisch tranchieren und auf dem Wurzelgemüse anrichten.

106

> *Dazu schmecken Bratkartoffeln oder Ofenkartoffeln sehr gut.*

Sommer im Odenwald

Trommer Sommer – das große Theater- und Kulturfest im Hoftheater Tromm

Geschmorte Ochsenbacken in Zwetschgensoße

Von Gerhard Fritz, Odenwald-Gasthaus »Zum Kreiswald«, Rimbach-Kreiswald

1 kg Ochsenbacken	gut parieren (Sehnen und Fett abschneiden), dann in einer Pfanne in heißem
Butterschmalz	von allen Seiten gut anbraten.
Je 1 kleine Zwiebel, Karotte	klein schneiden, dazugeben und einige Minuten mitbraten.
1½ – 2 l Fleischbrühe	in einem Topf erhitzen und das Fleisch hineingeben. Zum Gemüse in der Pfanne
1 EL Tomatenmark	geben und noch etwas weiter anschwitzen. Mit etwas
Rotwein	ablöschen und einkochen lassen. Diesen Vorgang 3 bis 4 mal wiederholen. Dann den Bratensatz zum Fleisch in die Brühe geben. Mit
Salz, Pfeffer (frisch gemahlen)	würzen.
1 Lorbeerblatt	
3 Nelken	und
10 Pfefferkörner	zugeben, den Topf in den vorgeheizten Ofen schieben und 2 bis 2½ Stunden bei 130 °C gar ziehen lassen. Das Fleisch dann herausnehmen und warm stellen.
120 g Zwetschgen (getrocknet, ohne Stein)	in die Soße geben, einige Minuten ziehen lassen. Mit dem Pürierstab die Soße fein mixen, abschmecken und mit
Odenwälder Zwetschgenwasser	verfeinern. Die Ochsenbacken aufschneiden, anrichten und die Soße darüber geben.

107

Dazu serviert man Kartoffelgratin (Rezept Seite 87) und frisches Gemüse der Jahreszeit.

Die Burg Frankstein ist die nördlichste an der Bergstraße und wurde im 13. Jahrhundert erbaut.

Odenwälder Wurzelfleisch mit Meerrettich

Das Fleisch

750 g Rindfleisch (Brustkern, Tafelspitz)	in kochendes Wasser geben, so dass es gut bedeckt ist. Schnell aufkochen lassen und den Schaum abschöpfen.
1 kleine Stange Lauch	
100 g Sellerieknolle	
1 Petersilienwurzel	
1 Karotte, 1 Lorbeerblatt	und
10 Pfefferkörner	zugeben.
1 Zwiebel	halbieren und auf den Schnittflächen in einer Pfanne sehr dunkel rösten. Diese ebenfalls zugeben und die Brühe mit
Salz, Pfeffer	abschmecken. Bei geringster Hitze 2 bis 3 Stunden leicht kochen lassen bis das Fleisch weich ist. Zum Anrichten das Fleisch in Scheiben schneiden.

108

Der Meerrettich

1 Brötchen (vom Vortag)	klein schneiden und mit
500 ml Fleischbrühe	einweichen.
20 g Butter, 20 g Mehl	in einem Topf zu einer Mehlschwitze rühren. Die Brühe mit dem Brötchen zugeben und schnell glatt rühren. Zügig zum Kochen bringen und dabei ständig rühren. Nach dem Aufkochen
100 ml Sahne	zugeben. Mit
Salz, Pfeffer, Zitronensaft	würzen.
40 – 100 g Meerrettichwurzel	fein raspeln und in die Soße mischen. Die Soße über das aufgeschnittene Fleisch geben.

> *Die Menge an Meerrettich hängt von dem jeweiligen Geschmack sowie der Schärfe der Wurzel ab. Dazu serviert man Salzkartoffeln. Im Winter gibt es dazu eingemachte Rote Rüben und süß-sauer eingelegte Zwetschgen.*

Das historische Rathaus von Reichelsheim – Regionalmuseum mit Bergbau, Schule um 1900, »Odenwälder Lieschen« und altes Handwerk

Ochsenbraten in Schwarzbier geschmort

750 g Ochsenfleisch (aus Keule oder Schulter)	von Fett und Sehnen befreien. Mit
Salz, Pfeffer	würzen. In heißem
Butterschmalz	in einem Bräter gut anbraten, das Fleisch herausnehmen.
200 g Röstgemüse	in gleichmäßig große Würfel schneiden, zugeben. Wenn das Gemüse schön angeröstet ist,
2 EL Tomatenmark	zugeben und mitrösten, bis es eine schöne, dunkelbraune Farbe hat. Dabei immer wieder etwas Wasser angießen und dieses wieder verkochen lassen. Dann das Fleisch wieder einlegen und mit
500 ml Schwarzbier	ablöschen. Mit Wasser aufgießen, bis das Fleisch fast bedeckt ist. Im vorgeheizten Ofen bei 150 °C etwa 2 bis 3 Stunden garen. Dabei soll die Hälfte der Flüssigkeit verkochen. Das Fleisch während des Garens öfter wenden. Dann das Gemüse mit der Soße durch ein Sieb streichen. Die Soße eventuell mit einem Pürierstab durchmixen, abschmecken.

109

Das Röstgemüse am besten aus Zwiebel, Karotte, Sellerie und Lauch bereiten. Als Beilagen passen gut dazu: Kartoffelklöße, Semmelknödel oder Kartoffelkroketten.

Rüstungen im Rittersaal des Erbacher Schlosses

Nibelungen-Skulptur bei Hüttenthal: Hagen von Tronje ermordet Siegfried.

Die Weine des Odenwaldes

Zunächst verwundert es sicher, dass ein Mittelgebirge wie der Odenwald sich mit dem Produkt Wein identifiziert. Das hat natürlich auch einen historischen Hintergrund, was heute oft nicht mehr erkennbar ist. So wurde auch im Odenwald an verschiedenen Stellen Wein angebaut, unter anderem in Reichelsheim, Brensbach, Breuberg, Michelstadt und Reinheim. In Reichelsheim sind unterhalb des Schloss Reichenberg noch Reste der Terrassenmauern erkennbar. Ende des 19. Jahrhunderts wurde in diesen Lagen scheinbar der Anbau vernachlässigt und eingestellt. Aber hauptsächlich wird an sämtlichen Rändern des Odenwaldes Wein angebaut: im Westen die hessische und badische Bergstraße, im Norden Groß-Umstadt und Rossdorf, im Osten am Main entlang und Tauberfranken und im Süden entlang des Neckars und im angrenzenden Kraichgau. Als Relikt der römischen Besiedlung begann hier der Weinbau vermutlich schon vor etwa 2000 Jahren!

Der Bereich der hessischen und badischen Bergstraße, »strata montan« oder auch Riviera Deutschlands genannt, erstreckt sich von Seeheim bis Wiesloch. Der Odenwald hält die rauen Nord- und Ostwinde ab und bietet den Reben hier durch die geologischen Besonderheiten ideale Wachstumsbedingungen. Hervorragende Rieslinge, stoffige Grauburgunder und elegante Weißburgunder wachsen hier, zum Teil auf extremen Steillagen. Aber auch Besonderheiten wie Roter Riesling, Sauvignon blanc oder Chardonnay werden in beachtlicher Qualität erzeugt. Herausragend sind die edelsüßen Weine bis hin zu exzellenten Eisweinen. Auch die Rotweine haben sich zu hochrangigen Qualitäten entwickelt.

Im nördlichen Bereich haben die Weine schon einen eher fränkischen Charakter. In den südlichen Gebieten sind die württembergischen und badischen Einflüsse mit einem deutlich höheren Rotwein-Anteil unverkennbar und die viele Sonnentage bringen finessenreiche und fruchtbetonte Weine. Der Bereich Tauberfranken vereint die fränkischen und badischen Charaktere. Im Mainviereck nehmen die fränkischen Rotwein-Hochburgen Klingenberg und Bürgstadt eine Sonderstellung ein. Insbesondere die typische Mineralität begeistert, die den Charakter der fränkischen Weine eindeutig prägt. So kann man feststellen, dass durch das unterschiedliche Terroir der Odenwald eine große Vielfalt an exzellenten Weinen hervorbringt. Die Qualität der Weine kann sich national und international messen lassen und findet in entsprechenden Prämierungen und Auszeichnungen eine hohe Wertschätzung.

Weinberghäuschen bei Groß-Umstadt

Burgunderbraten »Winzerart«

Von Lisa Edling, Weingut Edling, Roßdorf

1 kg Rinderbraten (falsche Lende)	parieren (von Fett, Sehnen und Haut befreien) und in einen engen Topf legen.
2 Lorbeerblätter, 2 Nelken 5 Wacholderbeeren ½ Sternanis	und
½ Peperoni (ohne Samen)	dazugeben.
1 Bund Suppengrün	und
2 Zwiebeln	in kleinere Stücke schneiden und ebenfalls in den Topf geben.
1 – 1½ l Roßdorfer Frühburgunder (Rotwein)	darüber gießen, bis das Fleisch bedeckt ist. An einem kühlen Ort zugedeckt 2 Tage ziehen lassen. Dann das Fleisch aus der Marinade nehmen und abtropfen lassen. Mit
Salz, Pfeffer	würzen und in
Butterschmalz	in einem Bräter von allen Seiten gut anbraten, dann herausnehmen. Das Gemüse und die Zwiebel aus der Marinade nehmen und in den Bräter geben, anbraten lassen und mit der Marinade ablöschen. Diesen Fond nun um ein Viertel reduzieren. Den Braten zugeben und im vorgeheizten Backofen bei 120 °C 1 Stunde garen. Die Temperatur dann auf 90 °C reduzieren und den Braten weiter 2½ Stunden im Ofen lassen. Zwischendurch immer wieder mit Fond übergießen oder drehen. Den fertigen Braten in Alufolie packen, ruhen lassen. In der Zwischenzeit die Soße mit
Kochlebkuchen	zur gewünschten Konsistenz binden.

> *Mit Preiselbeeren und in Burgunder und Zimt gegarter halber Birne servieren.*

111

Weinprobe im Roßdorfer Roßberg

Rinderroulade in Senf-Zwiebelsoße

4 Rinderrouladen (à 200 g)	auf dem Tisch ausbreiten und mit
Salz, Pfeffer	würzen. Mit
Senf (mittelscharf)	dünn bestreichen und mit je 1 Scheibe von
4 Scheiben Dörrfleisch	belegen. Darauf je 1 Hälfte von
2 Gewürzgurken	legen.
1 Zwiebel	schälen, in Streifen schneiden und darauf verteilen. Die Rouladen nun fest zusammenrollen und mit einem Spieß feststecken oder mit Küchengarn zusammenbinden. Dann in heißem
Butterschmalz	in einem Bräter anbraten und wieder herausnehmen.
200 g Zwiebeln	in Streifen schneiden, in den Bräter geben und gut braun werden lassen. Jetzt
2 EL Tomatenmark	zugeben und unter ständigem Rühren dunkelbraun anrösten. Die Rouladen wieder in den Bräter geben und mit
500 ml Rotwein	übergießen.
2 EL Senf (grob)	zugeben, mit
Salz, Pfeffer	würzen und die Rouladen zugedeckt leicht kochen lassen, bis sie gar sind (etwa 1½ bis 2 Stunden). Die Soße durch ein mittelfeines Sieb passieren und nochmals abschmecken.

Dazu schmeckt ein kräftiger Rotwein. Als Beilagen passen Kartoffelklöße, Kartoffelbrei oder Kartoffelkrapfen und frisches Gemüse der Jahreszeit.

Weinfest-Stimmung auf dem Marktplatz von Heppenheim

Der Herrnberg, eine der drei Groß-Umstädter Weinlagen

Odenwälder Rumpsteak aus dem Gemüsesud

Von Rainer Schäfer, Odenwald-Gasthaus »Zum Hirsch«, Bad König-Fürstengrund

1 l Gemüsebrühe	mit
400 g Gemüsewürfel	und
1 Knoblauchzehe (klein geschnitten)	zum Kochen bringen und mit
Salz, Pfeffer	würzen.
4 Rumpsteaks (groß)	ebenfalls würzen und in die kochende Brühe legen. Aufkochen und zugedeckt 20 Minuten bei geringer Hitze ziehen lassen. Die Rumpsteaks mit etwas Sud und dem Gemüse anrichten.

> *Zum Gericht passt besonders gut das Meerrettich-Kartoffel-Gemüse (Rezept Seite 76).*

113

Radler auf dem 3-Länder-Radweg – 211 Kilometer radeln im Odenwald in Baden-Württemberg, Bayern und Hessen

Am Drei-Länder-Stein bei Hesselbach treffen Baden-Württemberg, Bayern und Hessen zusammen

Apfelwein-Lammragout

Thomas Löw, Odenwald-Gasthaus »Zum Löwen«, Brombachtal

800 g Lammfleisch (Schulter)	in Gulaschwürfel schneiden.
1 Zwiebel	in Würfel schneiden und in
Butterschmalz	mit dem Lammfleisch in einem Topf anbraten. Mit
1 l Lammbrühe	und
500 ml Apfelwein	ablöschen. Alles aufkochen, dann mit
Salz und Pfeffer	würzen.
Rosmarin	
Salbei	
Koriander	
Kreuzkümmel	und
Curry (rot)	nach Geschmack zugeben. 1 Stunde leicht kochen lassen und den Garpunkt prüfen. Beim Kochen soll sich die Flüssigkeit reduzieren.

114

Dazu serviert man Spitzbuwe (Rezept Seite 88) und Speckwirsing. Natürlich passt ein kräftiger Apfelwein dazu hervorragend.

Historisches Besucherbergwerk »Grube Anna-Elisabeth« in Schriesheim

Beim Pressen der Äpfel läuft der frische Saft von der Kelter

Lammkeule auf Wiesenheu gebraten

Die Lammkeule

1 Lammkeule (klein, 1,2 – 1,8 kg)	parieren, so dass das Fett weitgehend entfernt ist. Den Hüftknochen ausbeinen und die Hachse abtrennen. Der Röhrenknochen kann im Fleisch verbleiben. Die Lammkeule mit
Salz, Pfeffer	würzen und in einem Bräter in heißem
Butterschmalz	anbraten.
1 handvoll Wiesenheu	im Bräter verteilen und die Lammkeule darauf legen. Den Bräter bei 150 °C in den vorgeheizten Ofen schieben. Die Lammkeule ist nach rund 2 Stunden fertig, kann aber noch bei niedrigerer Temperatur warm gehalten werden.

Die Soße

100 g Herbsttrompeten (Pilze)	putzen, waschen und in kleinere Stücke schneiden. Von einem
Thymianzweig (groß)	die Blättchen abzupfen, klein schneiden und zu den Pilzen geben. Zusammen mit
1 EL Zwiebelwürfel	in
20 g Butter	andünsten. Mit
100 ml Rotwein	ablöschen und auf die Hälfte einkochen lassen.
300 ml Grundsoße (braun)	dazugeben, nochmals einkochen lassen. Mit
Salz, Pfeffer	abschmecken und mit etwas
Stärke	die mit kaltem
Wasser	angerührt ist, abbinden.

115

Dieses Rezept kann man auch mit Wildschweinkeule zubereiten. Ein kräftiger Rotwein – Dornfelder oder Cabernet – schmeckt sehr gut dazu.

In der Abteikirche in Amorbach finden öfter Konzerte mit weltberühmten Musikern an der größten Barockorgel der Gebrüder Stumm, mit über 5200 Pfeifen, statt.

Odenwälder Lammfleischtopf

Von Landrat a. D. Horst Schnur, Beerfelden-Olfen

500 g Lammfleisch	in Würfel schneiden und in
Butterschmalz	in einem größeren Topf anbraten.
2 Zwiebeln	und
1 – 2 Knoblauchzehen	fein würfeln und mitbraten. Dabei mit
Salz, Pfeffer	würzen.
1 TL Paprika (edelsüß)	
5 Tomaten (enthäutet)	und
1 EL Tomatenmark	zugeben. Mit
500 ml Fleischbrühe	aufgießen und ½ Stunde schmoren.
500 Bohnen (grün, breit)	putzen und schnibbeln.
500 g Kartoffeln	schälen und in Würfel schneiden. Diese dann in den Topf geben und noch einmal ½ Stunde kochen. Abschmecken und eventuell mit in kaltem Wasser angerührter
Stärke	abbinden.

116

> Dazu schmeckt ein kräftiges Bauernbrot und ein frisches Bier oder Apfelwein.

Der Wiesenmarkt in Erbach ist Südhessens größtes Volksfest – hier das Riesenrad.

Lammkeule mit Bockbiersoße

Von Privatbrauerei Schmucker, Mossautal

1 kg Lammkeule (ohne Knochen)	mit
Salz, Pfeffer	und
½ TL Zimt	einreiben. Das Loch, wo der Knochen war, mit
2 Thymianzweige	
2 Petersilienzweige	und
1 Knoblauchzehe (klein geschnitten)	stopfen.
Rapsöl	in einem Bräter erhitzen und die Keule von allen Seiten goldbraun braten. Im vorgeheizten Ofen bei 170 °C weiter braten. Dabei immer wieder mit dem entstandenen Bratensaft und nach und nach mit
500 ml Bockbier	übergießen. Zwischendurch
1 Zwiebel	und
2 Äpfel (Boskop)	schälen, in grobe Würfel schneiden und nach 45 Minuten mit
1 Chilischote	zur Keule geben. Jetzt den Braten mit
2 EL Honig	bepinseln und weitere 45 Minuten schmoren. Die fertige Lammkeule aus dem Bräter nehmen. Die Soße durch ein Sieb streichen und mit
Zitronensaft	
Honig	und
Salz	abschmecken. Bei
1 Apfel	das Kerngehäuse ausstechen und den Apfel in 1 cm dicke Scheiben schneiden. Diese in
1 EL Butter	und
1 EL Honig	goldbraun dünsten. Die Apfelscheiben mit der aufgeschnittenen Lammkeule anrichten und die Soße darum herum geben.

> *Dazu passen junge Bohnen, in Dörrfleisch gewickelt. Als Beilage eignet sich Kartoffelgratin (Rezept Seite 87) oder Spitzbuwe (Rezept Seite 88).*

117

Ein alter Schmucker-Lkw, im Hintergrund der alte Brauereigasthof »Hirsch«

Schafe als Landschaftspfleger und Naturschützer

Von Bernd Keller

Der Erhalt von Kulturflächen und die extensive Pflege der Streuobstwiesen, Hanglagen und Naturschutzgebiete des Odenwaldes durch Schafe und Lämmer ist aktiver Naturschutz und sichert so den Bestand von Flora und Fauna auf natürliche und kostensparende Art und Weise. So wird die Verbuschung der Flächen verhindert, ohne sie zu schädigen und die charakteristische Schönheit der Landschaft wird bewahrt.

Die Pflege dieser Flächen obliegt immer mehr den Schäfern. Dort, wo man die Bewirtschaftung mit großen Maschinen nicht mehr durchführen kann, sind Schafe die besten Landschaftspfleger und Naturschützer. Eine artgerechte Haltung sowie eine leistungs- und bedarfsgerechte Fütterung der Schafe wird durch überwiegend ganzjährige Haltung auf den kräuterreichen Weiden erreicht. Dies ist eine wichtige Voraussetzung für die hervorragende Qualität der Odenwälder Weidelämmer auf den kräuterreichen Weiden.

Lammfleisch ist ein hochwertiges Nahrungsmittel, da es mehr Vitamine und Nährstoffe enthält als andere Fleischsorten. Das Fleisch kann sehr vielseitig verwendet werden. Bei Weidelämmern handelt es sich um Tiere, die nicht älter als 12 Monate sind und schon Grünfutter gefressen haben. Je nachdem, wo das Tier aufwächst und was es frisst, kann das Lammfleisch unterschiedlich schmecken. Weidegras und Kräuter und sogar die Luft spielen für den Geschmack des Fleisches eine große Rolle. Zusammen mit der ständigen Bewegung der Tiere ergibt sich so eine hohe Fleischqualität mit einem würzigen Fleischgeschmack, der durch die kurzen Wege noch aufgewertet wird. So gewinnen der Genießer, die Natur und die Umwelt.

Schäfer bei seinen Schafen

Hirschpfeffer mit Kirschen

750 g Hirschfleisch (ohne Knochen)	in 3 cm große Würfel schneiden und in einem Bräter in heißem
Butterschmalz	gut anbraten. Wenn das Fleisch zuviel Flüssigkeit zieht, diese abschöpfen oder verkochen lassen.
100 g Zwiebeln	in feine Streifen und
100 g Gemüse	in 1 cm große Würfel schneiden, beides zum Fleisch geben und ebenfalls anbraten.
40 g Tomatenmark	zugeben und gut anrösten. Das Tomatenmark soll schön braun werden und damit seinen Tomatengeschmack verlieren. Dabei eventuell mit etwas Wasser ablöschen und wieder einkochen lassen.
250 ml Rotwein	zugeben und mit so viel Wasser aufgießen, dass das Fleisch bedeckt ist. Mit
Salz, Pfeffer (gemahlen)	würzen. Dann
10 Pfefferkörner	
6 Nelken	
10 Wacholderbeeren (gequetscht)	
1 Lorbeerblatt	und
6 Pimentkörner	in einem Gewürzbeutelchen zugeben. Das Ragout aufkochen lassen und bei kleiner Hitze so lange garen, bis das Fleisch weich ist. Das Ragout während des Garens mit einem Deckel, der nicht ganz aufliegt, zudecken. Wenn das Ragout fertig ist, sollte die Soße um die Hälfte eingekocht sein.
200 g Kirschen (entsteint)	zugeben und noch einmal 5 Minuten kochen lassen, abschmecken.

119

Dazu schmecken Balleklöß' (Rezept Seite 60) oder Spitzbuwe (Rezept Seite 88) und Rotkraut (Rezept Seite 89) am besten. Als Wein ist ein kräftiger Frühburgunder, Dornfelder oder Cabernet hervorragend geeignet.

Der Bachlauf der Erf bei Bürgstadt

Schnitzel vom Hirschkalb in Mandeln, mit Apfel-Preiselbeer-Soße

Die Schnitzel

600 g Hirschkalbskeule (ohne Knochen)	in kleine Schnitzel schneiden. Diese mit dem Fleischklopfer plattieren, mit
Salz, Pfeffer	würzen.
100 g Mandeln (gehobelt)	und
100 g Semmelbrösel	vermischen. Die Schnitzel zuerst in
Mehl	wenden, durch
1 Ei (verquirlt)	ziehen und in der Mandel-Semmelbrösel-Mischung panieren. Die Schnitzel dann in
Butter	goldbraun braten.

120

Die Soße

200 ml Wildsoße	in einem Topf erhitzen,
2 EL Preiselbeeren	und
2 EL Apfelmus	zugeben, kräftig durchkochen lassen und mit
Salz, Pfeffer	abschmecken.

Die gleiche Zubereitung kann auch mit Reh oder Wildschwein erfolgen. Dazu schmecken Pilze in Kräuterrahm. Passende Beilagen sind Brotspatzen (Rezept Seite 85) oder Spitzbuwe (Rezept Seite 88).

Der Lindelbrunnen bei Hüttenthal

Brennholz ist zum Trocknen aufgeschichtet.

Rehleberröllchen

Von Karin Grundmann, Wald-Michelbach

750 g Rehleber	einen Tag in
1 l Milch	einlegen. Dann die Haut der Leber abziehen und die Leber in 3 cm große Würfel schneiden. Die Leberwürfel mit
Salbeiblätter (frisch)	und jeweils einer Scheibe
Bauchspeck (dünn, mild gesalzen)	umwickeln. Die Röllchen in eine gebutterte, feuerfeste Form aufrecht nebeneinander stellen. Diese im vorgeheizten Ofen bei 180 °C etwa 15 bis 20 Minuten braten. Die Leber sollte innen noch leicht rosa sein. Eventuell durch starke Oberhitze den Bauchspeck noch knuspriger machen.

Salzen und Pfeffern ist kaum nötig, da Speck und Salbei schon ein herzhaftes Aroma ergeben. Dazu passen Weißbrot, Kartoffelgratin (Rezept Seite 87), gegrillte Tomaten oder Salat.

121

Der Marktplatz in Heppenheim

Der Flockenstielige Hexenröhrling wird von Pilzfreunden hoch geschätzt.

Rehkeule auf Selleriepüree

Von Christoph Bertsch, Odenwald-Gasthaus »Zum Schützenhof«, Reichelsheim-Gumpen

Die Rehkeule

800 g Rehkeule (ohne Knochen)	parieren und mit
Salz, Pfeffer	würzen. Das Fleisch in einer Pfanne in
Rapsöl	gut anbraten und im Backofen bei 150 °C rund 30 bis 45 Minuten garen.
200 g Röstgemüse	in einem Bräter in heißem
Rapsöl	gleichmäßig bräunen.
1 EL Tomatenmark	
5 Wachholderbeeren	
1 Lorbeerblatt	und
4 Nelken	zugeben, alles glacieren. Mit
250 ml Rotwein	und
500 ml Wildfond	ablöschen. Bei geringer Hitze kochen lassen und um ein Drittel reduzieren. Danach abpassieren. Den Bratensatz der Rehkeule zu der Soße geben, aufkochen und mit etwas
Kartoffelstärke	abbinden.

Das Selleriepüree

600 g Sellerieknolle	und
200 g Kartoffeln	schälen und klein schneiden. Beides in
200 ml Milch	weich kochen. Dann pürieren,
50 g Butter	zugeben, mit
Salz und Muskat	würzen.

> *Für das Röstgemüse eignen sich Zwiebel, Karotte, Sellerie und Lauch. Zum Verfeinern der Soße kann noch etwas Preiselbeerkonfitüre zugegeben werden.*

Kornblumen im Hafer

122

Odenwälder Rehragout mit Dörrobst

Von Landrat Dietrich Kübler

800 g Rehfleisch (Schulter, Hals oder Keule)	in grobe Würfel schneiden und in einem großen Bräter in heißem
Fett	anbraten. Wenn das Fleisch zu viel Flüssigkeit zieht, dieses abschöpfen und zur Seite stellen, damit es später wieder zugefügt werden kann.
150 g Zwiebeln	in Streifen schneiden.
Je 100 g Karotten, Lauch, Sellerie	in Würfel schneiden und mit den Zwiebeln zum Fleisch geben. Braten, bis auch das Gemüse etwas Farbe bekommt. Dann
50 g Tomatenmark	zugeben und mit etwas Wasser ablöschen. Weiter anrösten, bis das Wasser eingekocht ist. Rösten lassen, bis das Tomatenmark schön braun geworden ist. Dabei viel rühren.
125 ml Rotwein	und Wasser aufgießen, bis das Fleisch bedeckt ist. Mit
Salz, Pfeffer	würzen.

123

10 Pfefferkörner **2 Nelken** **5 Wacholderbeeren**	

> *Ein kräftiger Rotwein von der Bergstraße oder aus Groß-Umstadt ist der richtige Begleiter.*

5 Pimentkörner	und
1 Lorbeerblatt	in einem Gewürzbeutel dazugeben. Schnell aufkochen und bei kleiner Hitze etwa 1½ bis 2 Stunden gar ziehen lassen.
200 g Dörrobst	in Würfel schneiden und rund 15 Minuten vor Ende der Garzeit zugeben. Vor dem Anrichten noch einmal abschmecken.

> *Dazu serviert man Brotspatzen (Rezept Seite 85) oder Balleklöß' (Rezept Seite 60) und Rotkraut (Rezept Seite 89).*

Viel Dörrobst und Nüsse geben einen saftigen Stollen.

Rehschnitzel mit Pfifferlingrahmsoße

Von Karin Grundmann, Wald-Michelbach

750 g Rehkeule (ohne Knochen)	in Schnitzel schneiden. Diese etwas plattieren und mit
Salz, Pfeffer (frisch gemahlen)	würzen. Die Schnitzel dann in
Mehl	wenden und in heißem
Butterschmalz	in einer Pfanne braten.
500 g Pfifferlinge	putzen und waschen.
2 Schalotten	in feine Würfel schneiden und in etwas
Butterschmalz	andünsten.
100 g Crème fraîche	
3 Spritzer Worcestersoße	und
1 TL Apfelkraut (dicker Apfelsirup)	zugeben, mit
Salz, Pfeffer	und
Petersilie (fein gehackt)	abschmecken.

> *Dazu passen Kartoffelbrei und Salat.*

Wanderer im Herbstwald

Die Walburgiskapelle, hoch gelegen auf dem Kapellberg bei Weschnitz, ist der heiligen Walburga als Schutzpatronin des Weschnitztales gewidmet.

Das Privileg der Adligen

Wildgerichte wird man in der traditionellen Odenwaldküche kaum finden, denn das war vom Mittelalter an das Privileg der Adligen. Das hat sich natürlich bis heute stark verändert. So zählt nicht nur das Jagen zu den Aufgaben der Jäger, Jagdpächter und Förster, auch die Hege spielt eine große und zeitaufwändige Rolle und naturschützerische Aspekte rücken zunehmend in den Vordergrund.

Im Odenwald werden hauptsächlich Reh, Hirsch und Wildschwein gejagt. Hasen und Fasane gibt es kaum noch, ab und zu Wildenten. Hierbei spielen die Schonzeiten der Tiere ein Rolle, woraus sich ergibt, dass nicht immer alle Wildarten verfügbar sind. Zudem geht es bei der Jagd nicht auf Bestellung. So kann es schon mal sein, dass der Wunsch nach einem bestimmten Fleisch vom Jäger über mehrere Tage nicht erfüllt werden kann.

Forstgüter, Forstämter und Jäger sind zum großen Teil Direktvermarkter und haben sich darauf spezialisiert, zerlegtes Wild anzubieten. Oft gibt es da auch Würste und Schinken. So muss der Verbraucher keine ganzen Tiere abnehmen und jeder hat die Möglichkeit, Wildfleisch zu kaufen.

Wichtig bei der Zubereitung ist, das Alter des Tieres zu beachten und dass das Fleisch entsprechend gereift ist. Gerade beim Wild ist der Geschmack des Fleisches von der Herkunft geprägt, den Kräuter, Wildpflanzen und -gräser beeinflussen. Damit gehören Wildgerichte immer zu den Delikatessen und besonders wertvollen Speisen.

125

Das Jagdschloss Kranichstein wurde um 1580 gebaut und diente den Landgrafen und Großherzögen für glanzvolle Jagdfeste und zum Repräsentieren. Heute beherbergt es das Jagdmuseum der Hessischen Jäger mit dem Schwerpunkt des höfischen Jagens in der Barockzeit.

Nur reife und gesunde Trauben ergeben einen guten Wein.

Apfelwein-Sauerbraten vom Wildschwein

Die Vorbereitung

1 Karotte, 1 Zwiebel
je 100 g Lauch, Sellerie
2 Äpfel

putzen, schälen und in Stücke schneiden. Zusammen mit

1 Lorbeerblatt
10 Pfefferkörner (schwarz)
5 Nelken

> *Dazu schmecken Spitzbuwe (Rezept Seite 88) oder Brotspatzen (Rezept Seite 85).*

10 Wacholderbeeren

in

1 l Apfelwein

aufkochen. Die Beize kalt werden lassen und

800 g Wildschweinbraten (Keule oder Schulter)

darin 1 Woche im Kühlschrank beizen.

Der Braten

126

Das Fleisch vor dem Anbraten aus der Beize nehmen und auf einem Sieb einige Stunden trocknen. Vor dem Anbraten mit

Salz, Pfeffer

würzen und sofort in heißem

Butterschmalz

von allen Seiten gut anbraten. Das Fleisch herausnehmen und das Gemüse aus der Beize nun anbraten. Wenn es anfängt zu bräunen

1 EL Tomatenmark

zugeben, alles so lange rösten, bis es eine schöne braune Farbe hat. Dann mit der Apfelweinbeize aufgießen und den Braten wieder einlegen. Aufkochen lassen und die Soße mit

Salz

abschmecken. Zugedeckt 1½ bis 2 Stunden bei geringer Hitze kochen lassen. Dabei das Fleisch öfter umdrehen. Wenn der Braten gar ist, herausnehmen und warm halten. Die Soße durch ein Sieb passieren, so dass das Gemüse die Soße bindet. Den Braten aufschneiden und die Soße darüber geben.

> *Als Gemüse eignen sich Speckwirsing (Rezept S. 95) oder auch Kneppschesgemüs' (Rezept S. 140).*

Der Grüne Salon im Erbacher Schloss

Wildschweinrouladen

Von Karin Grundmann, Wald-Michelbach

4 Wildschweinschnitzel	dünn klopfen, mit
Salz, Pfeffer	würzen.
2 EL Senf	mit
1 EL Majoran (getrocknet)	und
1 TL Thymian (getrocknet)	vermischen und damit die Rouladen bestreichen.
4 Scheiben Dörrfleisch	auf die Schnitzel verteilen.
1 große Zwiebel	fein würfeln,
2 Essiggurken	in Scheiben schneiden.
1 Apfel	schälen, entkernen und würfeln. Alles vermischen und auf den Rouladen verteilen. Diese nun zusammenrollen und mit Küchengarn zusammenbinden. In
Mehl	wenden und in einem Bräter in heißem
Pflanzenfett	von allen Seiten anbraten.
Je 1 Zwiebel, 1 Karotte 100 g Sellerieknolle	putzen, in Würfel schneiden. Zu den Rouladen in den Bräter geben und ebenfalls anbraten. Dann mit
200 ml Rotwein	ablöschen und mit
500 ml Wildsoße	auffüllen.
1 EL Preiselbeermarmelade	zugeben. Die Soße mit
Salz, Pfeffer	und etwas
Obstessig	abschmecken. Den Bräter in den auf 200 °C vorgeheizten Backofen schieben und die Rouladen etwa eine Stunde schmoren lassen. Die fertigen Rouladen herausnehmen und die Soße mit
2 cl Weinbrand	verfeinern.
100 g Crème fraîche	unterziehen, aufkochen lassen und abschmecken.

127

Ein würziger Spätburgunder von der Bergstraße ist der richtige Begleiter.

Steinkopf auf dem Steinkopf – Skulptur in der Weinlage »Heppenheimer Steinkopf« am Erlebnispfad Wein und Stein

Wirsing-Krautwickel vom »Schwarzkiddel« mit Schwarzbiersoße

Von Christoph Bertsch, Odenwald-Gasthaus »Zum Schützenhof«, Reichelsheim-Gumpen

1 Brötchen (vom Vortag)	in warmem Wasser einweichen, dann ausdrücken.
400 g Wildschwein-Hackfleisch	und
250 g Schweine-Hackfleisch	mit
2 Eier	
2 EL Zwiebelwürfel	und dem Brötchen zu einer glatten Masse verkneten. Dabei mit
Salz, Pfeffer, Muskat	
1 Msp. Nelke (gemahlen)	und
1 TL Senf	würzen, kalt stellen.
1 Wirsing (etwa 600 g)	4 der äußeren Blätter abtrennen. Diese in Salzwasser blanchieren und dann schnell in kaltem Wasser abschrecken. Den restlichen Wirsing in feine Streifen schneiden und ebenfalls blanchieren.
50 g Dörrfleisch	in Streifen schneiden, in einer Pfanne andünsten und mit den Wirsingstreifen mischen. Mit
Muskat	und
Kümmel (gemahlen)	würzen. Die Rippen der Wirsingblätter flach abschneiden. Die Hackfleischmasse auf den Blättern verteilen, fest zusammenrollen. Eventuell mit einem Zahnstocher feststecken. Die Krautwickel nun in einem Bräter in heißem
Butterschmalz	anbraten.
1 Zwiebel	in Streifen schneiden und mit anbraten. Dann mit
250 ml Schwarzbier	ablöschen und mit etwas Wirsingfond auffüllen. Abgedeckt im Ofen bei 150 °C rund 30 Minuten garen. Die Krautwickel herausnehmen und die Soße mit
Kartoffelstärke	abbinden.

128

Zum Anrichten den gedünsteten Wirsing auf die Teller geben, einen Krautwickel darauf setzen und mit etwas Soße übergießen. Dazu Kartoffelpüree reichen.

Fürther Kunstweg: die Skulptur »Strecken«

Wildschwein-Rücken in Nusskruste

Von Dieter Baumann, Gasthof-Metzgerei »Zum Stern«, Rüdenau

1 Eigelb	und
60 g Butter	schaumig rühren. Mit
je 60 g Haselnüsse (gemahlen), Mandeln (gehobelt), Walnüsse (gehackt)	und
60 g Weißbrotbrösel	gut vermischen. Mit Frischhaltefolie daraus eine dicke Rolle formen und kalt stellen.
750 g Wildschweinrückenfilet	parieren und in 4 oder 8 Medaillons schneiden. Diese etwas plattieren, mit
Salz, Pfeffer	würzen. In heißem
Rapsöl	in einer Pfanne anbraten und bei geringer Hitze ziehen lassen. Die Nuss-Rolle in dünne Scheiben schneiden und die Medaillons damit passgenau belegen. Bei starker Oberhitze goldgelb überbacken.
300 ml Rotwein-Wildsoße	erhitzen und eventuell mit etwas
Bitterschokolade	ergänzen.

129

> *Die Medaillons mit Rahmwirsing als längliches Bett anrichten. Etwas Wildsoße dazugeben und mit Kartoffel-Speckknödeln anrichten, mit Butterbröseln und Kräutersträußchen garnieren.*

Sommerlandschaft

Das romantische Zwingenberg am Neckar

Entenbrust auf scharfe Quetsche

Von Thomas Löw, Odenwald-Gasthaus »Zum Löwen«, Brombachtal

Die scharfen Zwetschgen

500 g Zwetschgen	entsteinen, vierteln und mit
225 g Fruchtzucker	in einer Kasserolle karamellisieren.
30 g Ingwerwurzel	schälen und fein würfeln.
1 kleine Chilischote	klein schneiden. Ingwer und Chili mit
30 g Sultaninen	
1 EL Senfkörner	
½ TL Koriander	
½ Zimtstange	und
2 Nelken	dazugeben. Mit
125 ml Zitronenessig	ablöschen und 15 Minuten leicht kochen lassen. Die Fruchtmasse durch ein Sieb streichen und noch einmal aufkochen lassen.
Je 20 g Mandeln, Pistazien	hacken und untermischen.

Die Entenbrüste

4 Entenbrüste (à 180 – 200 g)	Die Haut rautenförmig leicht einschneiden.
Öl	in einer Pfanne erhitzen und die Brüste mit der Hautseite nach unten anbraten. Mit
Salz, Pfeffer	würzen. Dann umdrehen und weiter braten. Eventuell im Ofen bei 160 °C fertig garen.

Dazu schmecken Spitzbuwe (Rezept Seite 88), Kartoffelgratin (Rezept Seite 87) oder auch Gedidschde-Gedadschde (Rezept Seite 62).

Baumblüten an der Bergstraße

Lebkuchencrêpes, gefüllt mit Gänseleber und Wurzelgemüse

Von Thomas Löw, Odenwald-Gasthaus »Zum Löwen«, Brombachtal

Die Crêpes

4 Eier	mit
250 ml Milch	sowie
Salz und Muskat	verrühren.
200 g Odenwälder Lebkuchen	fein reiben,
400 g Mehl	dazugeben und einen glatten Teig rühren. Daraus in einer großen Pfanne 4 oder 8 dünne Crêpes backen.

Die Füllung

1 Karotte	
1 Sellerieknolle (klein)	
1 Zwiebel	und
½ Stange Lauch	putzen und in feine Streifen schneiden.
250 g Gänseleber	in Streifen schneiden, mit etwas Mehl bestäuben und in einer Pfanne mit
Butterschmalz	von allen Seiten anbraten. Die Gemüsestreifen zugeben, mit
Salz, Pfeffer	würzen. Die Lebkuchen-Crêpes damit füllen.

131

Kräuterschmand (Rezept Seite 157) und ein frischer Salat passen dazu sehr gut.

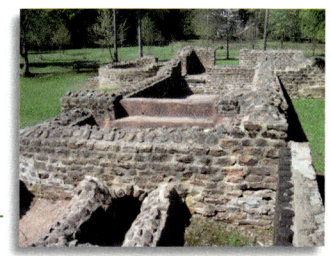

Das Kastellbad des römischen Kastell Würzberg am Odenwaldlimes ist eines der am besten erhaltenen.

»Ebbelwoi-Hinkelsche«
Hähnchen in Apfelwein geschmort

4 Hähnchenbrüste	in jeweils 3 Stücke schneiden, mit
Salz, Pfeffer	würzen und in heißem
Butterschmalz	in einem Bräter von allen Seiten anbraten.
1 Zwiebel	schälen, in grobe Würfel schneiden.
Je 100 g Karotte, Sellerie	schälen, etwa 2 cm groß würfeln.
100 g Lauch	in 2 cm breite Streifen schneiden. Die Hähnchenteile aus dem Bräter nehmen und das Gemüse hineingeben. Unter ständigem Rühren leicht bräunen lassen.
2 Äpfel (säuerlich)	in 1 cm große Würfel schneiden und zum Gemüse geben.
1 EL Tomatenmark	dazugeben und unter ständigem Rühren weiter rösten. Wenn das Tomatenmark braun geworden ist, die Hähnchenteile wieder dazugeben und mit
400 ml Apfelwein	übergießen.
1 Lorbeerblatt	
4 Wacholderbeeren	und
4 Nelken	in ein Teeei geben und in die Soße legen. Die Soße noch mit etwas
Salz, Pfeffer	würzen. Den Bräter mit dem Deckel verschließen und bei geringer Hitze leicht kochen lassen. Ab und zu die Hähnchenteile umdrehen. Nach etwa 20 Minuten sollte das Fleisch gar sein. Dieses dann herausnehmen. Die Soße nun mit starker Hitze noch etwas einkochen lassen und abschmecken. Zum Anrichten wird die Soße über die Hähnchenteile gegeben.

132

Sehr gut dazu passen Dinkelnudeln oder eine Beilage aus Kartoffeln.
Als Getränk reicht man einen herzhaften Odenwälder Apfelwein.

Apfelwein auf moderne Art

Kloster Lorsch – ehemaliges Benediktinerkloster als Macht-, Geistes- und Kulturzentrum der Deutschen Geschichte

Das Kloster wurde, laut dem Lorscher Codex, 764 gegründet und an den päpstlichen Legaten Bischof Chrodegang von Metz übereignet. Von Papst Paul I. erhielt das Kloster 765 die Gebeine des heiligen Nazarius als Reliquien zum Geschenk.

771 wurde das Kloster des Heiligen Nazarius an Karl den Großen übertragen und unter seinen Schutz gestellt. Zur Weihe der neuen Kirche besuchte er 774 Lorsch erstmals. Mitte des 9. Jahrhunderts wurde die Königshalle unter Ludwig dem Deutschen erbaut, die im 14. Jahrhundert ihre heutige Form erhielt.

Das Kloster entwickelte sich mit dem leistungsfähigen Skriptorium zu einem besonders aktiven Zentrum allen erreichbaren Wissens dieser Zeit. Es entstand eine der größten und bedeutendsten Bibliotheken des Mittelalters, die später der Bibliotheca Palatina einverleibt wurde. Das berühmte Lorscher Evangeliar (Codex Aureus Laureshamensis) kam unter Abt Adalung nach Lorsch.

133

Durch Schenkungen dehnte sich der Grundbesitz bis zum Ende des 11. Jahrhunderts auf weite Teile der Rheinebene zwischen Gent und Chur aus. Der Lorscher Codex wurde im späten 12. Jahrhundert als Verzeichnis der erworbenen Besitztümer angelegt, worin zahlreiche Orte ihre erste Erwähnung finden. 1232 wurde Lorsch Kurmainz unterstellt. Die Benediktiner widersetzten sich der angeordneten Reform. Es folgten Zisterzienser, die sich nicht halten konnten, und 1248 Prämonstratenser. Das Kloster erhielt den Status einer Propstei, die 1461 an die Kurpfalz verpfändet und 1564 als Kloster aufgehoben wurde.

Im Verlauf des Dreißigjährigen Krieges wurde Lorsch 1621 von spanische Truppen verwüstet. Die Abtei gelangte 1623 wieder an Kurmainz und diente danach als Steinbruch. Lediglich die »Königshalle« blieb unversehrt. Sie ist das einzige aus der Karolingerzeit erhaltene sichtbare Bauwerk der Klosteranlage und damit einer der ältesten vollständig erhaltenen Steinbauten Deutschlands der nachrömischen Zeit. Kloster Lorsch ist seit 1991 Weltkulturerbe der UNESCO.

Die Königshalle des Kloster Lorsch

Gebratener Zander auf Lauch-Linsen-Gemüse

Von Dieter Baumann, Gasthof-Metzgerei »Zum Stern«, Rüdenau

1 Zander von etwa 1,8 – 2 kg	entschuppen, filetieren und die Quergräten entfernen. Die Fischhaut mit einem scharfen Messer leicht rautenförmig einritzen. In Stücke von etwa 200 g (oder zweimal 100 g) portionieren, mit
Salz, Pfeffer	würzen und leicht mit etwas
Mehl	bestäuben. In einer beschichteten Pfanne in
Butterschmalz	mit der Hautseite zuerst etwa 4 bis 5 Minuten braten. Das Fischfilet soll vor dem Wenden zu etwa 80 Prozent gegart und die Haut knusprig sein. Dann wenden und fertig garen.
200 g Beluga-Linsen	in leicht gesalzenem Wasser gar kochen.
600 g Lauch	in 2 mm breite Ringe schneiden, sauber waschen und kurz blanchieren. Den Lauch mit den Linsen in etwas
Butterschmalz	andünsten. Mit
100 ml Silvaner (trocken)	ablöschen und
500 ml Fisch-Velouté	dazugießen. Mit
Salz, Pfeffer	würzen. Kurz vor dem Servieren
200 ml Sahne	steif schlagen und mit
1 Eigelb	verrühren, unter die Soße heben. Nochmals abschmecken.
20 Kirschtomaten	mit einem spitzen Messer den Strunk herausschneiden und die Tomaten kurz in heißem Wasser erwärmen. Das Lauch-Linsen-Gemüse in der Tellermitte platzieren, die Zanderfilets mit der Hautseite nach oben darauf setzen und die Kirschtomaten drumherum legen.

134

Serviervorschlag: kleine Pellkartoffeln in Butterschmalz goldgelb anbraten, kurz vor dem Servieren mit frisch geschnittenem Estragon sowie gegebenenfalls etwas Salz würzen.

Der Marbachstausee ist die größte Wasserfläche im Odenwald.

Velouté ...

... ist eine weiße, mit Mehlschwitze gebundene Soße. Sie kann mit Fleisch-, Fisch-, Geflügel- oder auch Gemüsefond hergestellt werden. Pro Liter Fond werden 40 bis 60 g Mehl in 50 g Butter oder Butterschmalz angeschwitzt. Darauf den kompletten Fond gießen und mit dem Schneebesen schnell glatt rühren. Bei hoher Hitze schnell aufkochen lassen und dabei sehr oft rühren.
Wichtig dabei ist:
– die Menge von Mehl und Flüssigkeit muss immer abgemessen sein.
– die Flüssigkeit immer komplett auf die Mehlschwitze geben, damit das Mehl eine größere Menge an Flüssigkeit bindet, andernfalls können sich Klümpchen bilden.
– die Soße sollte bei geringster Hitze 20 Minuten leicht kochen, damit sie den Mehlgeschmack verliert.

Das Kirchberghäuschen über Bensheim

135

Die Waldkirche auf dem Otzberg

Zander mit Apfel-Meerrettich-Kruste

	Eine flache Porzellanplatte (Auflaufform) mit
Butter	ausstreichen.
1 Schalotte	in feine Würfel schneiden und auf der Platte verteilen.
750 g Zanderfilet	entgräten und von der Haut schneiden. In 4 gleich große Portionen teilen. Mit
Salz, Pfeffer	würzen und auf die Porzellanplatte setzen.
2 Äpfel	grob und etwa
40 g Meerrettich	fein raspeln. Beides vermischen, dann auf den Zanderfilets verteilen.
40 g Butter	mit
2 EL Semmelbrösel	erhitzen und über die Zanderfilets geben.
100 ml Weißwein	angießen. Das Ganze in den vorgeheizten Ofen bei 200 °C schieben. Der Zander braucht 15 bis 20 Minuten.
400 g Lauch	in Streifen schneiden und in
20 g Butter	gut anschwitzen.
100 ml Sahne	und
1 TL Senf (grob)	zugeben. Einige Minuten kräftig kochen lassen. Dabei mit
Salz, Pfeffer	würzen. Etwas von dem Fond aus der Porzellanplatte zugeben und abschmecken. Die Zanderfilets auf das angerichtete Lauchgemüse setzen.

> *Dazu schmecken knusprige Pellkartoffelwürfel oder ein Risotto von Rollgerste. Ein fruchtiger Riesling oder ein Apfelwein vom Reichelsheimer Weinapfel sind gute Begleiter.*

Apfelbäume blühen

Bachforelle im Apfelweinsud

2 l Apfelwein	und
1 l Wasser	in einen länglichen Topf geben.
1 kleine Zwiebel	schälen und vierteln.
1 kleine Karotte	schälen und
1 kleine Stange Lauch	waschen, längs halbieren und mit Zwiebel und Karotte in den Apfelweinsud geben, aufkochen lassen, mit
Salz, Pfeffer (weiß)	würzen.
2 Lorbeerblätter	und
6 Nelken	zugeben.
4 Bachforellen	in den Sud setzen und kurz aufkochen lassen. Die Forellen bei geringster Hitze 15 Minuten gar ziehen lassen. Etwas von dem Forellensud in einen separaten Topf geben und darin
400 g Gemüsesteifen	garen. Die Forellen anrichten und die Gemüsesteifen mitsamt dem Gemüsesud darüber geben.

137

Die Gemüsestreifen macht man am besten aus Karotten, Lauch und Sellerie. Gut dazu schmecken frisch gekochte Kartoffeln und ein frischer Salat mit Kräutern. Als Getränk empfehle ich einen Apfelwein, der nicht zu herb ist.

Das Schloss Reichenberg über Reichelsheim wurde um 1250 von Schenk Johann von Erbach erbaut und war bis 1924 im Besitz der späteren Grafenfamilie.

Der Ziegenbrunnen an der Molkerei Hüttenthal

Lachsforelle in Gewürzöl gedünstet mit Kartoffel-Kürbis-Chutney

Von Jochen Katzmaier, Hotel »Haus Schönblick«, Mossautal-Güttersbach

Das Kartoffel-Kürbis-Chutney

50 g Schalotten	und
25 g Ingwer	in sehr feine Würfel schneiden und diese in
1 EL Sonnenblumenöl	andünsten.
1 Msp. Safran	zugeben und mit
50 ml Weißwein	ablöschen.
100 g Kürbis	und
100 g Kartoffeln (roh)	in 1 cm große Würfel schneiden und zugeben.
500 ml Gemüsefond	dazugießen, mit
Salz	würzen und weich kochen.

138

Die Lachsforelle

1 l Rapsöl	
1 Lorbeerblatt	
1 Zimtstange	
½ Sternanis	
1 EL Szechuan-Pfeffer	
¼ TL 5-Spice	
10 Scheibchen Ingwer (frisch)	und
½ Stange Zitronengras	in einem Topf langsam auf 65 °C erhitzen und wie einen Tee etwa 1 Stunde ziehen lassen, damit das Öl den Geschmack der Gewürze annimmt. Dann durch ein Sieb passieren.
4 Lachsforellenfilets (à 180 g)	mit
Steinsalz	würzen und im Gewürzöl langsam pochieren (bei etwa 65 °C). Den Fisch herausnehmen, abtropfen lassen und mit dem Chutney anrichten.

> *Die 5-Spice Gewürzmischung besteht aus Zimt, schwarzem Pfeffer, Anis, Koriander und Nelke.*

Flinke Köche fischen frische Fische.

UNESCO Weltnaturerbe und Fossil-Fundstätte Grube Messel

Zehn Kilometer nordöstlich von Darmstadt liegt die Grube Messel, ein 1000 Meter breiter und 60 Meter tiefer ehemaliger Ölschiefer-Tagebau. Ihre Entstehung verdankt die Grube Messel der industriellen Nutzung des Ölschiefers, der bis 1971 von großer wirtschaftlicher Bedeutung für die Region war. Nach der Stilllegung des Tagebaus sollte die Grube als Mülldeponie dienen und mit Abfällen aus ganz Südhessen zugeschüttet werden. Engagierte Bürger konnten dies 20 Jahre lang verhindern. Seit dem 8. Dezember 1995 ist die Grube Deutschlands erstes Naturdenkmal im UNESCO Weltnaturerbe: In den Ölschiefern findet sich ein einzigartig erhaltener Ausschnitt der Lebenswelt von vor etwa 47 Millionen Jahren. Damals lagerte sich Algenmaterial als Schlamm am Grund eines Maarsees ab, der durch eine vulkanische Explosion entstanden war. Der mit der Zeit fest gewordene Schlamm wird Ölschiefer genannt, weil er wie Schiefer bricht und aus ihm Öl geschwelt wurde. Im Krater des einstigen Maarvulkans begibt sich der Besucher auf eine Zeitreise in die Erdgeschichte. Nicht nur das schwangere Messeler Urpferdchen (Urahn des Pferdes) und das Äffchen Ida (Ur-Ur-Ur-Ur-Großtante der Menschheit) dokumentieren die ersten Stufen der Evolution der Säugetiere. Auch die urzeitlichen Vorfahren der Vögel, Reptilien, Fische und Insekten und eine ebenso artenreiche Pflanzenwelt blieb im Messeler Ölschiefer bis heute erhalten. Die Menge und die Vielfalt der versteinert erhaltenen Lebewesen, die im Ölschiefer der Grube Messel gefunden wurden, sind verglichen mit anderen Fundstätten extrem hoch.

139

Das Welterbe Grube Messel, ein Maarsee zur Urzeit, der bis heute noch zahlreiche Geheimnisse und fossile Schätze in sich birgt.

Geopark-Ranger bei einer Führung in der Grube Messel

Kneppschesgemüs' mit Bauernbratwurst

Von Marianne Daab, Lengfeld

750 g Rosenkohl	putzen und den Strunk kreuzweise einschneiden. Den Rosenkohl dann in
Salzwasser	blanchieren und in kaltem Wasser abschrecken, den Fond aufbewahren.
2 EL Zwiebelwürfel	in einem Topf mit
30 g Butter	anschwitzen.
25 g Mehl	zugeben und zu einer Mehlschwitze verrühren. Mit
400 ml Rosenkohlfond	und
100 ml Milch	auffüllen, schnell glatt rühren und unter öfterem Rühren aufkochen. Einige Minuten bei geringer Hitze kochen lassen. Dabei mit
Salz, Pfeffer	und
Muskat	abschmecken. Den Rosenkohl wieder zugeben und heiß werden lassen.
4 Bauernbratwürste (grob)	in einer Pfanne braten. Auf Tellern anrichten und das Kneppchesgemüs' dazu servieren.

140

Als Beilage eignen sich Kartoffelschnitz oder Kartoffelbrei. Das Kneppschesgemüs' kann auch zu Braten von Schwein, Rind oder Wild gereicht werden.

Ein typisches Odenwaldtal mit blühender Wiese, Obstbäumen und abwechslungsreichem Wald

Der Galgen von Beerfelden ist der größte und besterhaltenste im Bundesgebiet, wenn nicht sogar in Europa. Er wurde 1597 mit drei schlanken Rotsandsteinsäulen von ungefähr 5 Meter Höhe in einem Dreieck aufgestellt.

Verlorene Eier à la Hans

Von Sylvia Gohlke, Frankenhausen

2 EL Butter	in einem flachen Topf zerlassen.
3 EL Mehl	einstreuen und anschwitzen. Mit so viel
Wasser	ablöschen, bis eine cremige Soße entstanden ist. Mit
Salz, Pfeffer	würzen,
3 Lorbeerblätter	zugeben. Unter ständigem Rühren 2 Minuten kochen lassen. Dann
3 EL Weinessig	dazugeben.
8 Eier	jeweils in eine Tasse geben und aus der Tasse in die Soße gleiten lassen. Die Eier sollen nun 4 Minuten ziehen. Es darf jetzt nicht mehr gerührt werden. Die Soße darf nicht mehr kochen, entweder kleinste Hitze einstellen oder den Topf vom Herd nehmen und zudecken.

141

Dazu schmecken am besten mehlige Salzkartoffeln und grüner Salat.

Das einzigartige Museum der Automarke »Stoewer« in Wald-Michelbach

Reif auf den Bäumen der Tromm

Grünkernbratlinge auf Pfifferlingragout

Von Gerhard Fritz, Odenwald-Gasthaus »Zum Kreiswald«, Rimbach-Kreiswald

Die Grünkernbratlinge

250 g Grünkern (mittelfein geschrotet)	mit
60 g Butter	und
900 ml Gemüsebrühe	in einen Topf geben, zum Kochen bringen und zugedeckt im Ofen bei schwacher Hitze 45 Minuten ziehen lassen. Der Grünkern soll die ganze Brühe aufgenommen haben und somit weich sein. Die nun formbare Masse abkühlen lassen.
1 Zwiebel	schälen und in feine Würfel schneiden. Diese mit
1 EL Petersilie (fein gehackt)	in
20 g Butter	andünsten.
1 Brötchen (trocken)	in warmem Wasser einweichen, dann ausdrücken und mit
40 g Nibelungenkäse (geraspelt)	und
2 Eier	zur Grünkernmasse geben. Mit
Salz, Pfeffer	würzen. Alles gut vermischen und aus der Masse gleich große, flache Bratlinge formen. Diese in heißer
Butter	knusprig braten.

Das Pfifferlingragout

Anstelle von Pfifferlingen kann man auch alle anderen frischen Pilze verwenden.

50 g Zwiebelwürfel	in
50 g Butter	andünsten.
250 g Pfifferlinge	putzen und waschen. Diese auf die Zwiebel geben und mit
200 ml Sahne	aufgießen. Etwas einkochen lassen. Mit
Salz, Pfeffer	und
Muskat	abschmecken. Das Pfifferlingragout auf Tellern verteilen und die Bratlinge darauf setzen.

Die Wallfahrtsbasilika »Zum Heiligen Blut« in Walldürn

Gebratene Steinpilze

Von Dr. Peter Sattler, Mossautal

600 g Steinpilze (groß)	in Scheiben von etwa ½ cm Dicke schneiden und mit
Salz, Pfeffer	würzen.
2 Eier	verquirlen. Die Pilzscheiben zuerst im Ei und dann in
Semmelbrösel	wenden und in
Butter	in einer Pfanne von beiden Seiten goldbraun braten.

Als Beilage empfiehlt sich Kartoffelbrei und grüner Salat.

143

Blick auf Heidelberg

Der Bergtierpark in Erlenbach bei Fürth

Freilandmuseen Gottersdorf und Keilvelterhof

Im Walldürner Ortsteil Gottersdorf liegt das Odenwälder Freilandmuseum als nördlichstes Freilandmuseum Baden-Württembergs. Am ehemaligen Fischteich des Klosters Amorbach aus dem 14. Jahrhundert entsteht eine Museumsanlage für die Landschaften Odenwald, Bauland und Unterer Neckar. Drei kleine Dörfer aus originalen Gebäuden wurden allesamt mit der substanzerhaltenden Großteileversetzungsmethode detailgenau erstellt.

Die bisher fertig gestellten Bauten repräsentieren sehr unterschiedliche soziale Schichten und verschiedene Epochen. Sie ermöglichen tiefe Einblicke in die meist schlichte, aber auch sehr fesselnde Vergangenheit der früheren ländlichen Lebens- und Arbeitswelt. Authentische Einrichtung und historische Dokumente über die ehemaligen Bewohner lassen das Alltagsleben der ländlichen Vorfahren anschaulich vor Augen entstehen. Die Bandbreite der noch nicht vollendeten Anlage reicht vom bescheidenen Tagelöhnerhäuschen bis zum stattlichen Großbauernhof, von der dörflichen Postagentur bis zur Landschusterei, von der Grünkerndarre bis zur Ziegelhütte, wobei ein Zeitraum vom 17. bis 20. Jahrhundert erfasst ist.

144

Tanz der Reichelsheimer Trachtengruppe
auf dem Keilvelterhof

Nähecke im Bauernhaus

Im Freilandmuseum Keilvelterhof vereinen sich Historie und Zukunft. Eingebettet in die sanften, grünen Hügel des hessischen Odenwalds liegt der Keilvelterhof am Ortsausgang des Reichelsheimer Ortsteils Unter-Ostern. Seine erste urkundliche Erwähnung findet der heute vierseitige Hubenhof 1640 im Gerichtsbuch für die Zent Reichenberg. Der Name Keilvelterhof stammt von zwei der insgesamt 15 früheren Besitzer, von Johann Valentin Keil (1752 bis 1819) und seinem Sohn Valentin (1784 bis 1822); Valentin heißt im Odenwälder Dialekt »Velte«. Sein letzter Besitzer, Adam Dingeldein, starb 1997 ohne einen Erben zu hinterlassen; der Hof – und damit ein wertvolles regionales Kulturgut – drohte zu verfallen. Er wurde 1998 vom Verein Museumsstraße Odenwald-Bergstraße e.V. übernommen, um ihn für die Nachwelt zu erhalten, die Bausubstanz zu sichern und den Hof zu einem Freilandmuseum – zu einem einzigartigen Schauobjekt bäuerlicher Kultur – auszubauen.

Der »Keilvelterhof« besteht an seiner gewachsenen Stelle vor Ort fort. Man spürt an allen Stellen, dass der Hof noch bis vor wenigen Jahren bewohnt und bewirtschaftet wurde. Das gesamte Anwesen vermittelt den Eindruck, als wären die ehemaligen Nutzer nur mal gerade eben aus der Tür gegangen. So erhalten die Besucher einen authentischen Einblick in die kultur- und sozialgeschichtliche Entwicklung der Region. Sie werfen einen Blick in die Vergangenheit, können den Wandel der landwirtschaftlichen und gesellschaftlichen Entwicklung in den letzten Jahrhunderten nachvollziehen und so eine Identität mit der Region und ihren Bewohnern aufbauen.

145

Freilandmuseum Gottersdorf:
Dorfschänke »Zur Krone«,
Taglöhnerhaus und Schäferhaus

Auch heute noch ist die
Milcherzeugung ein wichtiger
Teil der Landwirtschaft.

Pilze in Kräuterrahm

Von Dr. Peter Sattler, Mossautal

800 g Pilze (mild im Geschmack)	in dünne Scheiben schneiden und in
1 EL Butter	in einem flachen Topf dünsten. Dabei mit
Salz	würzen.
200 ml Sahne	zugeben und mit
2 EL Kräuter (fein gehackt)	und
1 TL Zitronensaft	ergänzen.

Als Pilze empfehlen sich zum Beispiel Champignons, Steinpilze, Pfifferlinge, Maronen oder Mairitterlinge. Zum Gericht serviert man frisches Weißbrot, Brotspatzen (Rezept Seite 85) oder Risotto von Grünkern (Rezept Seite 84).

146

Rote Rosen – eine der Lieblingsblumen des Jugendstils

Darmstadt: Mathildenhöhe und Hochzeitsturm, das Zentrum des Jugendstils

Überbackene Pfifferlinge mit Odenwaldgemüse

Von Gerhard Fritz, Odenwald-Gasthaus »Zum Kreiswald«, Rimbach-Kreiswald

Je 200 g Karotten, Lauch, Sellerie	in Streifen schneiden.
30 g Zwiebelwürfel	in einem Topf mit
30 g Butter	erhitzen und das Gemüse darin andünsten.
400 g Pfifferlinge	putzen und waschen. Diese ebenfalls in den Topf geben und zugedeckt weiter dünsten.
400 g Kartoffeln (gekocht) Salz, Pfeffer, Muskat	in 1,5 cm große Würfel schneiden und hinzugeben. Mit würzen.
300 ml Sahne	zugeben und das Ganze stark kochend etwas reduzieren lassen. Dieses Ragout in eine Auflaufform füllen und mit
100 g Nibelungenkäse (geraspelt)	bestreuen. Im vorgeheizten Ofen bei 160 °C etwa 10 bis 15 Minuten überbacken.

147

> *Gut dazu schmeckt ein frischer Salat und ein kräftiger trockener Weißwein von der Bergstraße.*

Sandsteinbruch bei Olfen

Wer gackert denn da?

Odenwälder Quetsche-Lattwersch oder Latweije oder Latwerge

Quetsche-Lattwersch – ja was ist denn das? Na, im Odenwald kennt das jeder. Also, Latweije – so nenne ich sie – ist ein eingekochtes Mus von Zwetschgen, jedoch ohne Zucker. Die genaue Bezeichnung ist meist orts- und familienabhängig. Latweije wird von Zwetschgen und nicht von Pflaumen gemacht. Die späten Zwetschgen sind die besten, Pflaumen sind zu wasserhaltig. Traditionellerweise wird dafür auch kein Zucker verwendet, denn früher musste man Zucker kaufen. Durch das lange und langsame Einkochen der Zwetschgen verdunstet so viel Flüssigkeit, dass der Zucker der Früchte weit ansteigt und das Mus dadurch über mehrere Jahre haltbar ist.

Für Quetsche-Lattwersch gab und gibt es kein Rezept, sondern nur Erfahrung. Denn jedes Jahr haben die Zwetschgen einen anderen Zucker- und Wassergehalt. Ob nun für die Latweije auch Gewürze wie Zimt, Nelken, Zitronen- oder Orangenschalen verwendet werden, ist Geschmacksache. Wer es sich früher leisten konnte, diese zu kaufen wurde schon als recht wohlhabend eingestuft.

Das Latweije-Kochen war im frühen Herbst eine Arbeit, die immer mit nachbarschaftlicher Hilfe geschah. Am ersten Tag wurden die reifen Zwetschgen entsteint. Für einen Kessel voll benötigte man dafür schon so um die 100 Kilogramm oder auch mehr. Am zweiten Tag wurde dann der Kessel früh morgens befeuert und die Zwetschgen kamen hinein. Sobald es anfing zu brodeln, wurde das Feuer nicht mehr so stark angefacht und man begann mit dem Rühren. Dafür gab es spezielle »Latweije-Rührer«. Das ist so eine Art »Rührlöffel um die Ecke«. So konnte man aus entsprechender Entfernung rühren, ohne dass man heiße Latweije-Spritzer abbekam. Mit der glatten Unterseite des Rührers konnte man bequem den ganzen Kesselboden erreichen. Es musste ohne Unterbrechung gerührt werden, von der einen Seite zur anderen und wieder zurück. Gerührt wurde, bis das Mus ausreichend eingedickt war.

Das Feuer musste ohne Unterlass betreut werden, damit es immer eine gleichmäßige Temperatur ergab und das Mus nicht anbrannte. Dieser Prozess dauerte dann mehrere Stunden, oft auch noch bis in die Nacht hinein. Und da war es schon eine schöne Abwechslung, wenn mehrere Leute aus

Latweije-Rührer und Steinguttöpfe zum Aufbewahren der Latweije

der Familie und Nachbarschaft mithalfen. Man hielt ein Schwätzchen, der eine kam, der andere ging, es gab Kaffee, Kuchen oder Hausmacher Wurst.

Auch die Kinder wurden während der Latweije-Zubereitung beschäftigt. Man schickte die Jüngsten ans andere Ortsende zu einem Bekannten. Dort sollten sie das »Latweije-Laadersche« (Latwerije-Leiterchen) holen, um in den Kessel zu steigen und alle Reste heraus holen zu können. Sie bekamen da meist einen schweren Gegenstand in einen Sack verpackt, so dass sie ordentlich zu schleppen hatten. Das war dann für die Kinder, die dieses schon kannten, ein riesiger Spaß, wenn die Kleinen merkten, dass sie »veräppelt« worden waren.

So verging die Zeit, bis die Latweije richtig gut war. Es wurden Proben entnommen, die man auf einem Tellerchen erkalten ließ. Die Latweije durfte keinen Saft mehr ziehen, musste eine glänzende Oberfläche haben und durfte auf dem schräg gehaltenen Teller nicht mehr verlaufen. Die fertige Latweije wurde dann heiß in Steinguttöpfe gefüllt, die mit Cellophan verschlossen wurden. So war die Latweije über Monate – sogar über Jahre – haltbar.

Latweije war – und ist für mich immer noch – der wichtigste Brotaufstrich. Am besten schmeckt sie auf einer Scheibe kräftigem Bauernbrot mit Butter. **149**

Der Innenhof im Erbacher Schloss

Apfel-Preiselbeer-Relish

Von Peter Merkel, Odenwald-Gasthaus »Dornrös'chen«, Höchst-Annelsbach

4 große Äpfel	schälen, vierteln, das Kerngehäuse ausstechen und in Scheibchen schneiden. Dann in einem Topf mit
100 ml Apfelsaft	bei mittlerer Hitze dünsten. Gelegentlich umrühren, damit die Äpfel nicht am Boden anhängen. Von
1 Orange (unbehandelt)	die Schale mit einem Zestenreißer abschaben oder sehr dünn abschälen und die Schale in feine Streifen schneiden. Dann die weiße Schale der Orange komplett abschneiden und das Fruchtfleisch klein würfeln. Schale und Fruchtfleisch zu den Äpfeln geben und
200 g Wiesenhonig	zufügen. Einige Minuten leicht kochen lassen.
200 g Preiselbeerkonfitüre	dazugeben und noch 10 Minuten bei geringer Hitze kochen. Dabei gelegentlich umrühren.

Empfehlenswert zu Wild und Wildgeflügel, zu Wildpastete oder auch zu Süßspeisen wie Pfannkuchen

Saftige Odenwälder Äpfel werden für Apfelwein gekeltert.

Apfelmus

Von Regina Böhm, Brensbach, ehemals Kartoffelkönigin Regina I.

4 große Äpfel	waschen (nicht schälen), vierteln, Stiel- und Blütenansatz entfernen. Das Kerngehäuse nicht ausstechen. Die Äpfel in einen hohen Topf geben und wenig
Wasser	zugeben. Etwa 30 Minuten kochen lassen und dann durch die Flotte Lotte passieren. Jetzt mit
Zimt (gemahlen)	und
Zucker	abschmecken.

Verwenden Sie Boskop, Riesenboiken, Winterrambour, Renette oder andere große Äpfel. Wer keine Flotte Lotte hat, muss die Äpfel schälen und das Kerngehäuse entfernen. Nach dem Kochen mit einem starken Schneebesen zu Mus rühren.

151

Apfelweinbowle mit Cidre

Von Carola Merkel, Odenwald-Gasthaus »Dornrös'chen«, Höchst-Annelsbach

3 Äpfel	waschen und mit Schale klein schnibbeln. Diese zusammen mit
800 g Beeren (nach Belieben)	in ein Bowle-Gefäß geben. Mit
8 cl Apfelbranntwein	
8 cl Holunderbeerenlikör	und
1 l Apfelwein	übergießen und 1 Stunde im Kühlschrank ziehen lassen. Vor dem Servieren
1 l Cidre (oder anderen Apfelperlwein)	zugeben, verrühren und einschenken.

Im Deutschen Elfenbeinmuseum in Erbach zeigt eine Elfenbeinschnitzerin, wie ein filigranes Kunstwerk aus Elfenbein bearbeitet wird.

Süß-saure Zwetschgen

1 kg Zwetschgen	waschen und mit einer Rouladennadel mehrmals einstechen.
500 ml Weinessig	und
500 ml Apfelwein	mit
500 g Zucker	
3 Stangen Zimt	
20 Nelken	und
3 Sternanis	aufkochen. Die Zwetschgen zugeben und schnell zum Kochen bringen. Sofort in Gläser füllen und gut verschließen.

Die Zwetschgen serviert man zu Wurzelfleisch mit Meerrettich (Rezept Seite 108) wie auch zu kaltem Wildbraten oder Wildschinken. Auf die gleiche Art kann man auch Kürbis zubereiten.

152

Das Wohnhaus vom Keilvelterhof

Herbststimmung bei Wald-Amorbach

Zwetschgen-Latwerge

1 kg Zwetschgen (sehr reif)	entsteinen und grob zerkleinern. Diese in einen großflächigen Topf oder ein tiefes Backblech geben. Etwas
Orangenschale	
½ Zimtstange	
2 Sternanis	und
1 Msp. Nelken (gemahlen)	dazugeben, vermischen und in den vorgeheizten Backofen bei 120 °C schieben. Regelmäßig, jeweils nach etwa 15 Minuten, umrühren. Je nach Saftgehalt der Zwetschgen 2 bis 4 Stunden einkochen lassen. Die Latwerge muss sehr dunkel sein und eine breiige Konsistenz haben. Dann in heiße Schraubdeckelgläser füllen, sofort verschließen und auf den Kopf stellen.

Latwerge kann man auch von Birnen machen. Als zusätzliche Gewürze können Sie Muskat und Ingwer verwenden.

153

Ein herrlicher Landschaftsblick

Die Odenwaldbahn fährt sogar bis zum Frankfurter Hauptbahnhof.

Maibowle

1 Bund Waldmeister	2 bis 3 Stunden welken lassen. Die Stiele vom Waldmeister entfernen und in einem Bowlegefäß mit
1 l Weißwein (Müller-Thurgau)	aufgießen. Die Schale von
1 Limone	abraspeln und mit der geviertelten Limone dazugeben. Das Gefäß verschließen und einige Stunden ziehen lassen. Vor dem Servieren die Bowle abpassieren, wieder in das Gefäß geben und mit
1 Flasche Rieslingsekt	vollenden.

Die Erntezeit für Waldmeister ist von Ende März bis Mai. Er muss vor der Blütezeit geerntet werden. Mit den Blüten entwickelt sich in der Pflanze Cumarin, das Kopfschmerzen erzeugen kann.

154

Das Fürstenlager Auerbach war die Sommerresidenz der Landgrafen und Großherzöge von Darmstadt.

Reife Traube wird im Weinberg »Auerbacher Fürstenlager« geerntet.

Tradition und Genuss – Brennereien im Odenwald

Von Gerhard Fritz, Edelbrennerei »Kreiswald«, Rimbach-Kreiswald

Das Schnapsbrennen hat im Odenwald eine sehr alte Tradition. So hat zum Beispiel die Edelobstbrennerei im Kreiswald ihr Brennrecht seit 1866. Heute gibt es noch etwa ein Dutzend Betriebe in der Region, die dies noch aktiv ausüben. Die Herstellungsmenge dieser Kleinbrennereien ist limitiert und unterliegt der strengen Kontrolle der Zollaufsicht. Ein Brennrecht ist an Grund und Boden gebunden und bedingt immer vorhandene Obstbäume.

Was früher einfach als »Schnaps« hergestellt wurde, hatte meist über 45 Prozent Alkoholgehalt und brannte oftmals wirklich in der Kehle. Dies hat sich heute grundlegend gewandelt. Bei einem Edelbrand will man das fruchttypische Aroma schmecken und genießen und der Alkoholgehalt ist merklich geringer. Die Kleinbrennereien in der Region tragen damit viel zur Bewahrung der Odenwälder Streuobstwiesen und zur Erhaltung alter Obstsorten bei.
Destilliert werden können alle Früchte, die Zucker enthalten. Verarbeitet werden meist regionale Apfelsorten, alte Birnensorten, Kirschen, Mirabellen, Zwetschgen und Quitten sowie Beerenfrüchte, Trauben, Trester und auch Topinambur.

155

Bei einem Brand entsteht der Alkohol immer aus einer Gärung. Das Obst wird möglichst vollreif geerntet, gewaschen und in der Mühle zerkleinert. Die Kerne oder Steine dürfen nicht beschädigt werden. Danach wird Hefe zugesetzt und die Gärung setzt ein. Nach Gärungsende wird die Maische in den Brennkessel eingefüllt und langsam und gleichmäßig erhitzt. Als erstes beginnt der ungenießbare Vorlauf zu tröpfeln. Es folgt das Herzstück, der spätere Edelbrand, das im Durchschnitt etwa 75 Prozent Alkohol hat. Der Brenner verwendet sein ganzes Wissen und Können darauf, um hier möglichst alle Aromen der Frucht im Alkohol zu binden. Unterhalb von 60 Prozent kommt der Nachlauf, der ebenfalls nicht verwendbar ist.

Auch aus Getreide, meist Weizen, kann man einen edlen Brand herstellen. Die Körner enthalten allerdings keinen Zucker, sondern nicht direkt vergärbare Stärke. Das Getreide wird fein gemahlen, in warmes Wasser eingerührt und mit Malz versetzt. Dieses spaltet die Stärke in vergärbaren Zucker. Nach dem Hefezusatz setzt die Gärung ein. Danach beginnt die Destillation wie bei einem Obstbrand.

Die alte Brennanlage auf dem Kreiswald

Sehr aromareiche, zuckerarme oder schwer zu erntende Früchte – wie Beeren und Wildfrüchte – werden oft zu Geisten verarbeitet. Dafür werden die Früchte in reinen Alkohol eingelegt, der die Inhaltsstoffe herauslöst. Der Ansatz bleibt einige Tage stehen und wird danach sehr langsam destilliert.

Dem Herzstück gönnt man eine Ruhe- und Reifezeit, meist in Glasballons, wo das Fruchtaroma am besten erhalten wird. Um einen braunen Brand zu bekommen, wird dieser in Holzfässern gelagert. Das Fruchtaroma verbindet sich mit den Inhaltsstoffen des Holzes und nimmt die Farbe an wie bei einem Cognac. Die Kunst hierbei ist es, die richtige Ausgewogenheit von Aromen und Holzton zu finden. Danach wird der Brand oder Geist mit weichem Wasser zur gewünschten Trinkstärke herabgesetzt.

Brände mit sensiblen Aromen, wie bei Beeren, Williams und Wildkirsche, sollte man nicht so lange lagern. Steinobstbrände sind meist aromastärker und vertragen auch eine längere Lagerung. Aromazusätze und künstliche Aromen sind bei Bränden und Geisten in Deutschland verboten.

156

Einen Edelbrand sollte man immer aus den typischen Destillatgläsern, mit einem langen Stiel, leicht bauchig und nach oben hin kaminartig verengt, verkosten. Bei Zimmertemperatur kommt so das Fruchtaroma am besten zur Entfaltung.

Die moderne Brennanlage auf dem Kreiswald

Die Mispel ist eine seltene Wildfrucht, die sich hervorragend für edle Brände eignet.

Holunderblütensirup

10 – 15 Holunderblütendolden	Stiele abschneiden und die Blüten in ein hohes Gefäß geben.
1½ l Wasser	mit
2 kg Zucker	aufkochen lassen. Den Schalenabrieb und den Saft von
3 Zitronen	zugeben, nochmals aufkochen und dann abpassieren. Den erkalteten Sud über die Holunderblüten geben und das Gefäß mit einem sauberen Tuch bedeckt eine Woche ziehen lassen. Dann wieder abpassieren und den Sud aufkochen. Heiß in Gläser oder Flaschen abfüllen, mit Deckel verschließen und einkochen.

Der Sirup kann mit Wein, Sekt, Apfelwein oder Mineralwasser aufgegossen werden. Man kann damit auch Apfel- oder Birnenkompott aromatisieren.

157

Kräuterschmand

200 g Schmand	wird mit
½ TL Limonenschalenabrieb	und
Salz, Pfeffer	abgeschmeckt. Dann
4 EL Kräuter (fein gehackt)	untermischen.

Wir empfehlen folgende Kräuter: Petersilie, Schnittlauch, Dill, Kerbel, Sauerampfer, Borretsch, Estragon und Kresse. Diese können jeweils einzeln oder als Mischung von mehreren Kräutern verwendet werden. Die Kräuter sollten immer mit einem sehr scharfen Messer geschnitten werden, damit sie nicht gequetscht werden.

Der Odenwald ist eine sehr kräuterreiche Region. Wie hier, auf dem Kräutermarkt in Mosbach oder bei den Kräuterwochen im Nibelungenland, kann man die Kräuter erduften und erschmecken.

Odenwälder Käsesoße

Familie Schäfer lässt von der Milch ihrer eigenen Kühe einen Schnittkäse herstellen, der den Namen der Ortschaft Fürstengrund in Mundart – Firschtegrinner – trägt. Der Käse mit Naturrinde hat ein Gewicht von etwa 2 kg und reift 6 bis 8 Wochen. Der Fettgehalt liegt bei 45 Prozent.

Von Rainer Schäfer, Odenwald-Gasthaus »Zum Hirsch«, Bad König-Fürstengrund

30 g Mehl	in
30 g Butter	anschwitzen. Darauf
500 ml Milch	geben, schnell verrühren und aufkochen. Einige Minuten bei geringer Hitze warm halten und häufig rühren.
300 g Hartkäse »Firschtegrinner«	klein schneiden, zugeben und schmelzen lassen. Mit
Salz, Pfeffer (weiß, frisch gemahlen)	abschmecken. Das Anrichtegefäß bestenfalls noch mit
Knoblauch	ausreiben.

158

Wird die Soße mit einem kräftigeren Käsegeschmack gewünscht, gibt man klein geschnittenen Handkäse dazu. Die Soße passt hervorragend zu Brotspatzen (Rezept Seite 85) oder Balleklöß' (Rezept Seite 60).

Hirschhorn – die Perle des Neckartals

Odenwälder Käse-Auswahl

Bierbrauen im Odenwald

Die ältesten Überlieferungen über die Bierherstellung stammen aus dem 4. Jahrtausend v.Chr. von den Sumerern, die im Zweistromland lebten, heute Nordost-Syrien und Irak. Alle nachfolgenden Kulturvölker übernahmen das Bierbrauen und entwickelten es weiter. Es spricht allerdings einiges dafür, dass Bier an verschiedenen Orten »erfunden« wurde, basierend auf die vor Ort vorhandenen Zutaten wie Reis in Südostasien, Hirse in Afrika, Mais bei den Indianern Mittelamerikas und Gerste und Weizen in Europa. Bei den Germanen war das Bierbrauen wie auch das Brotbacken Aufgabe der Frauen. Das änderte sich erst, als man begann, sich in Klöstern mit dem Bierbrauen zu beschäftigen.

In den aufblühenden Städten des Mittelalters entwickelte sich die Braukunst zu einem eigenen Handwerkszweig. Die Biersteuer wurde zu einer beachtlichen Einnahmequelle. Im 13. Jahrhundert setzte man dem Bier erstmals Hopfen zu. Bis dahin stellte der Brauer eine Grut als Würze aus allerlei Kräutern, wie Wacholder, Kümmel, Anis, Enzian, Rainfarn, Eichenrinde oder Bilsenkraut her. Wilhelm IV. von Bayern erließ am 23. April 1516 in Ingoldstadt das Reinheitsgebot. So waren zur Bierherstellung nur noch Gerste, Hopfen und Wasser zugelassen. Hefe kannte man damals noch nicht. Man wusste jedoch, dass in der Nähe von Bäckereien das Bier besser wurde. Dieses Reinheitsgebot ist bis heute noch gültig.

So entstanden auch im Odenwald in jedem größeren Ort einige Brauereien, immer in Verbindung mit einer Gaststätte, denn der Transport von Bier, wie man ihn heute kennt, war damals nicht möglich. So gab es in Michelstadt einmal zwölf Brauereien. Nach dem Dreißigjährigen Krieg kamen viele Bierbrauer aus der Schweiz in den Odenwald. Aus den Brauereigasthöfen entwickelten sich ab etwa 1750 einige Brauereien, die mehr als für ihren Eigenbedarf brauten. Dampfmaschinen und Elektrizität läuteten jeweils neue Epochen ein. Es entstanden einige wenige größere Brauereien, die mit der entsprechenden Technik und einem Fuhrpark in der Region und den angrenzenden Gebieten ihre Biere etablierten. Nach und nach gaben die kleinen Brauereien auf. Erfreulicherweise wurden in den letzten Jahren wieder einige Gasthausbrauereien eröffnet und bringen damit eine interessante Vielfalt an Odenwälder Bieren auf den Tisch.
So lebt eine alte Tradition wieder auf, Bier am Ort der Herstellung zu genießen. Die Qualität der Odenwälder Biere ist insbesondere mit der besonderen Beschaffenheit des Odenwälder Wassers verbunden.

Bierabfüllung anno dazumal in der Brauerei Schmucker

Rote Grütze oder marinierte Waldbeeren

Man kann hierzu verschiedene Beeren oder auch nur eine Sorte nehmen. Die Zucker-zugabe sollte je nach Geschmack und Säuregehalt der Beeren angepasst werden. Zusätz-lich können Zimt, Sternanis oder auch Ingwer als Gewürze zugegeben werden.

150 ml Rotwein	und
150 ml Apfelsaft	mit
100 g Zucker	aufkochen und mit
20 g Stärke (in Wasser angerührt)	abbinden. Es soll eine recht dickflüssige Konsistenz haben, da die Beeren noch Flüssigkeit abgeben.
400 g Beerenmischung	dazugeben und gut vermischen. Bei frischen Beeren nochmals kurz erhitzen und umfüllen. Bei tiefgekühlten Beeren einmal richtig durchkochen lassen, dann kalt stellen.

160

Zur Roten Grütze als alleiniges Dessert passen sehr gut Vanillesoße (Rezept S. 167) oder Weinschaum (Rezept S. 167). Rote Grütze kann man aber auch zu Waffeln, Ofenschlupfer oder Kartoffelpudding (Rezept S. 175) servieren.

Herbststimmung im Odenwald

Der Rodensteiner Hof in Groß-Umstadt

Crêpes mit Quittencreme gefüllt

Von Jochen Katzmaier, Hotel »Haus Schönblick«, Mossautal-Güttersbach

200 ml Milch	und
50 ml Orangensaft	mit
100 g Mehl	glatt rühren.
2 Eier	und
Zucker	nach Geschmack, sowie je
1 Prise Salz, Zimt	zugeben und kräftig verrühren. Daraus in einer Pfanne dünne Crêpes backen. Crêpes sollen eigentlich kaum Farbe bekommen, also sehr hell sein.

Die Quittencreme

300 g Quark	mit
50 g Zucker	
80 g Butter (flüssig)	
150 g Quittengelee	und
100 ml Sahne	vermischen. Diese Creme mit einer Palette auf den Crêpes verstreichen und zusammenrollen. Die Enden etwas schräg abschneiden.

> *Gut dazu schmecken Vanilleeis und etwas Himbeer- oder Erdbeermark.*

Weihnachtsmarkt in Michelstadt

Eiszauber

Lebkuchen-Schokoladenterrine mit Gewürzbirnen

100 g Odenwälder Lebkuchen	in kleine Würfel schneiden und mit
4 cl Portwein	
2 EL Johannisbeergelee	und etwas
Rotwein	vermischen.
1 Eigelb, 1 Ei	mit
50 g Zucker	sehr gut schaumig rühren.
200 g Kuvertüre (dunkel) oder Edelbitterschokolade	in einer Schüssel im Wasserbad flüssig werden lassen.
250 ml Sahne	steif schlagen.
2 Blatt Gelatine	zunächst in kaltem Wasser einweichen und dann unter Wärmezufuhr verflüssigen. Die geschlagene Sahne auf die Ei-Zucker-Creme geben, dann die flüssige Kuvertüre und die flüssige Gelatine dazugeben und schnell alles miteinander vermischen. Die Hälfte des Schokoladenmousse in eine Kastenform verteilen. In die Mitte eine Vertiefung ziehen und dahinein die Lebkuchenmasse füllen. Mit dem restlichen Schokoladenmousse abdecken und kalt stellen.

Die Gewürzbirnen

300 ml Weißwein	mit
Limonenschale, 4 Nelken	
je 1 Zimtstange, Sternanis	
2 Pimentkörner	und
2 EL Honig	aufkochen.
2 Birnen	schälen, halbieren und das Kerngehäuse entfernen. Diese dann einige Minuten in dem Sud ziehen lassen. Zum Anrichten die Lebkuchen-Schokoladenterrine aus der Form stürzen und in Scheiben geschnitten auf Tellern anrichten. Die Birnen fächerartig einschneiden und dazu setzen.

Dazu schmeckt eine Ruländer Beerenauslese von der Bergstraße hervorragend, ein richtiges Highlight.

Die herzigen Gastgeberinnen der Odenwald-Gasthäuser

Holunderblütenparfait mit marinierten Erdbeeren

Von Jochen Katzmaier, Hotel »Haus Schönblick«, Mossautal-Güttersbach

4 Eigelb	mit
75 g Zucker	und
100 ml Holunderblütenwein	in einer Schüssel oder einem Kessel auf dem Wasserbad zur Rose schlagen, erkalten lassen und während dessen
500 ml Sahne	steif schlagen. Die Sahne unterheben, die Masse in eine Form füllen und einfrieren.
150 g Erdbeeren	mit
50 g Puderzucker	und dem
Saft ½ Zitrone	mixen.
350 g Erdbeeren	in Würfel oder Spalten schneiden und mit dem Erdbeermark vermischen. Zum Anrichten das Holunderblütenparfait aus der Form stürzen und in Scheiben schneiden, auf Tellern arrangieren und die marinierten Erdbeeren dazu anrichten.

163

Dazu serviert man einen »Hollersekt« oder einen Grauburgunder als Auslese oder Beerenauslese.

Die Holunderblüten warten darauf, dass sie zu einem leckeren Holunderblütensirup werden.

Die Heinrich-Schlerf-Hütte auf dem Schimmelberg bei Wald-Michelbach, eine der vielen Wanderhütten im Odenwald

Odenwälder Gäulchen

Die Odenwälder Gäulchen sind aus Holz gefertigte Spielzeug-Pferdchen. Die Tradition der Gäulchesmacher wurde Mitte des 19. Jahrhunderts begründet. Holz- und Horndreher spezialisierten sich auf diese neuen Produkte, die sich nach und nach zu einem beachtlichen Markt entwickelten. Aber auch Kinderschubkarren aus Holz, Spielreifen, Holzeisenbahnen und andere Holzspielwaren wurden gefertigt. Größere Aufträge bekamen die Holz- und Horndreher von den Spielzeugverlegern, die als Großhändler die Erzeugnisse kleinerer Werkstätten aufkauften und an die Einzelhändler weitergaben.

Um die Jahrhundertwende gab es 23 Gäulchesmacher im oberen Gesprenztal und Fischbachtal. Leider ist von diesen nur noch ein einziger übrig geblieben – Holzspielwaren Krämer in Beerfurth. Harald Boos führt den Betrieb seines Schwiegervaters zusammen mit seiner Frau fort und hat die Odenwälder Gäulchen wieder populär gemacht. Die typische Form der Odenwälder Gäulchen ist ihr walzenförmiger Körper, die steifen Beine – die von einem gedrechselten Rundholz abgespalten werden – und vor allem die Bemalung mit dem traditionellem Apfel-schimmelmuster, dem roten Sattel und bei Bedarf der blauen Satteldecke. Es gibt sie von den kleinen Gäulchen – mit einem Stockmaß von etwa zehn Zentimetern – bis hin zum großen Schaukelpferd zum Draufsitzen oder auch als Gespann mit einem Leiterwagen.

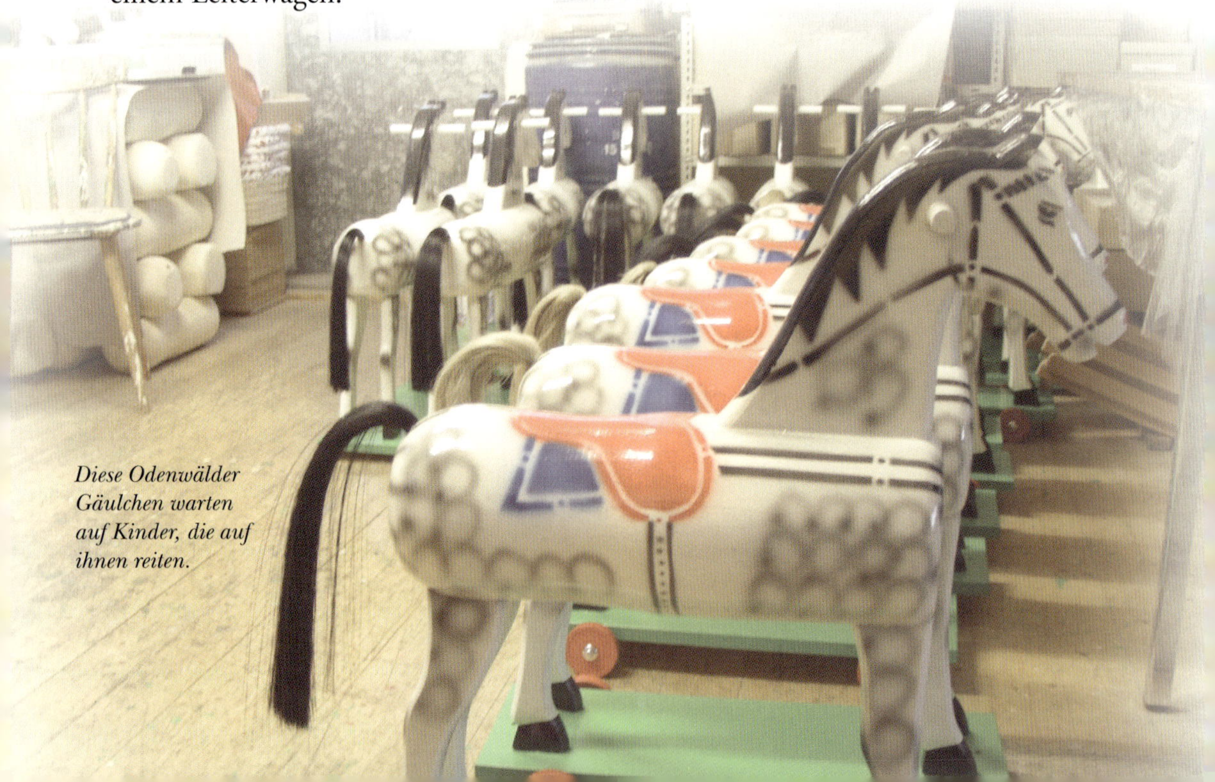

Diese Odenwälder Gäulchen warten auf Kinder, die auf ihnen reiten.

Mousse und Sorbet vom Bratapfel

Von Jochen Katzmaier, Hotel »Haus Schönblick«, Mossautal-Güttersbach

300 g Äpfel (mit Schale, ohne Kerngehäuse)	in Stücken in eine mit
40 g Butter	ausgestrichene Auflaufform geben.
35 g Marzipan	in kleinen Bröckchen dazugeben und mit
25 g Zucker	bestreuen. Etwas
Muskatnuss	darüber reiben und
2 cl Rum	dazugießen. Im Ofen bei 180 °C so lange backen, bis die Äpfel weich und etwas karamellisiert sind. Dann im Mixer pürieren.

Das Bratapfelmousse

30 g Zucker	mit
1 Eigelb	und
3 cl Weißwein	in einem Kessel oder einer Schüssel auf einem Wasserbad zur Rose schlagen.
3 Blatt Gelatine	in kaltem Wasser einweichen und dann ausgedrückt in die noch heiße Creme geben.
100 g Buttermilch	und 200 g des Bratapfelpürees mischen und ebenfalls unter die Creme heben.
180 ml Sahne	steif schlagen und unter die fast kalte Creme unterheben. Die Creme in schöne Glasschalen füllen und kalt stellen.

165

Das Bratapfelsorbet

Das restliche Bratapfelpüree in einer Eismaschine zum Sorbet frieren lassen.

Zum Servieren 2 bis 3 karamellisierte Apfelspalten auf die Creme legen und das Bratapfelsorbet, mit einem Esslöffel abgestochen, darauf setzen. Dazu schmeckt ein süßer Apfel-Dessertwein sehr gut!

Die Äpfel werden vom Baum geschüttelt.

Apfelküchle

150 ml Milch	mit
2 EL Zucker	und
100 g Mehl	in einer Schüssel glatt rühren.
2 Eier	in Eigelb und Eiklar trennen. Die Eigelbe in die Schüssel geben. Das Eiklar in einer separaten Schüssel zu einem steifen Schnee schlagen. Den Eischnee vorsichtig unter den Teig heben.
2 Äpfel	schälen und in 1 cm dicke Scheiben schneiden. Das Kerngehäuse ausstechen und die Apfelscheiben in den Teig geben. In einer Pfanne mit
Butterschmalz	die Apfelküchle backen. Eine Apfelscheibe in die Pfanne legen und noch etwas Teig darüber geben. So lange braten lassen, bis die Unterseite schön braun ist, dann wenden und die andere Seite braten.

166

Dazu Vanillesoße oder Apfelweinschaum servieren.
Die Küchle können auch mit Zimtzucker bestreut werden.

Apfelweinschaum

2 Eigelb	mit
60 g Zucker	in einem Kessel oder einer Schüssel gut schaumig rühren. Dann
⅛ l Apfelwein	zugeben und auf einem Wasserbad heiß aufschlagen, bis der Schaum eine dickflüssige Konsistenz erreicht.

Bei diesem Rezept kann man den Apfelwein durch
andere Flüssigkeiten ersetzen, so zum Beispiel Wein,
Milch, Apfelsaft, Orangensaft oder Malzbier.

Der Teig ist zum Backen vorbereitet.

Vanillesoße

Von Thomas Löw, Odenwald-Gasthaus »Zum Löwen«, Brombachtal

1 Vanilleschote	längs halbieren und das Mark herauskratzen. Mark und Schote mit
750 ml Milch	aufkochen lassen. Die Schote nach dem Kochen entfernen.
4 Eigelb	mit
30 g Zucker	schaumig schlagen. Die Vanillemilch zugeben und im heißen Wasserbad zur Rose abziehen.

Vanillesoße kann heiß oder kalt und zu vielen Süßspeisen und Desserts gereicht werden. Die Qualität und Frische der Vanille ist entscheidend für den Geschmack. Bei besonders großen und dicken Schoten reicht manchmal auch eine halbe oder eine viertel Schote.

167

Weinschaumsoße

Von Lisa Edling, Weingut Edling, Roßdorf

2 Eier	
100 g Zucker	
250 ml Weißwein	
2 EL Zitronensaft	und
3 gestr. EL Vanillepuddingpulver	in einem Topf glatt rühren und die Soße unter ständigem Rühren zum Kochen bringen.

Die Soße kann heiß und kalt serviert werden.

Winzer im Wingert

Karthäuserklöße

Von Christel Schwöbel, Reichelsheim-Gumpen

4 Milchbrötchen (vom Vortag)	teilen und die braune Rinde abreiben. Die Brösel aufbewahren.
250 ml Milch	und
2 Eier	mit dem Schneebesen in einer Schüssel verrühren. Dann
1 Prise Salz	
1 EL Zucker	und
1 Prise Zimt	zugeben. Darin die Brötchenhälften einweichen. Diese dann etwas abtropfen lassen und in den Bröseln wälzen. In heißem
Butterschmalz	von allen Seiten goldbraun braten.

Dazu serviert man Weinschaumsoße (Rezept Seite 167). Die Soße kann man auch mit Apfelwein oder alkoholfrei mit Trauben- oder Apfelsaft zubereiten.

Blick vom Frankenstein über die Rheinebene

Das Palm'sche Haus (1610) in Mosbach, eines der schönsten Fachwerkhäuser der Region

Hollerküchle

Die Hollerküchle können natürlich nur in der Zeit gemacht werden, wenn der Holunder blüht. Die Blüten am besten in der Mittagszeit bei Sonnenschein ernten. Dabei darauf achten, dass kein Ungeziefer in den Blüten hängt. Durch das Waschen der Blüten geht sehr viel Geschmack verloren.

120 g Mehl	mit
200 ml Bier oder Milch	glatt rühren.
2 Eier	trennen. Das Eigelb in den Teig geben und verrühren. Das Eiklar in einer sauberen Schüssel steif schlagen. Dabei nach und nach
60 g Zucker	einrieseln lassen. Den Eischnee unter den Teig heben und dabei noch
1 Msp. Zimt	zugeben.
8 Holunderblütendolden	nach und nach in den Teig tauchen, so dass alles komplett umhüllt wird, und sofort in heißem
Butterschmalz	schwimmend von beiden Seiten goldbraun backen. Immer nur so viele Dolden in das Fett geben, dass sie nicht zusammen hängen.

169

Dazu Weinschaumsoße (Rezept Seite 167) servieren.

Die Einhardsbasilika in Michelstadt-Steinbach ist ein außergewöhnliches Gebäude der karolingischen Baukunst aus dem 9. Jahrhundert.

Lebkuchen-Apfelauflauf

250 g Odenwälder Lebkuchen	in kleine Würfel schneiden.
2 Äpfel	schälen, vierteln, das Kerngehäuse entfernen und in Würfel schneiden. Diese in etwas
Apfelwein	mit
Zucker	kurz aufkochen.
2 Eier	mit
100 ml Milch	und
50 g Zucker	verrühren, die Lebkuchenwürfel und die Apfelwürfel untermischen. Ein paar Minuten stehen lassen. In der Zwischenzeit Porzellanförmchen mit
Butter	ausstreichen und mit
Semmelbrösel	ausstreuen. Die Masse nun gleichmäßig in die Förmchen verteilen und im vorgeheizten Ofen bei 200 °C etwa 15 Minuten backen. Zum Anrichten die Aufläufe aus den Förmchen stürzen und mit
Puderzucker	bestäubt auf Teller setzen.

> *Ein süßer Apfel-Dessertwein ist der richtige Begleiter.*

170

> *Dazu passen sehr gut ein Apfelweinschaum und mit Butter und Zucker glacierte Apfelschnitz'.*

Diese alten handgeschnitzten Backmodeln werden auch heute noch für Lebkuchen und Anisgebäck benutzt.

Wer macht den längsten Apfelschalenkringel?

Kartoffelwaffeln

Von Carola Merkel, Odenwald-Gasthaus »Dornrös'chen«, Höchst-Annelsbach

2 Eigelb	mit
50 g Butter	schaumig rühren.
2 Eiklar	mit
1 Prise Salz	zu steifem Schnee schlagen und unter die Eigelbmasse heben.
5 EL Sahne	zugeben.
250 g Pellkartoffeln (vom Vortag)	fein reiben und ebenfalls untermischen. In einem gut gefetteten Waffeleisen goldgelbe Waffeln backen. Mit
Puderzucker	bestäubt servieren.

Gut dazu schmeckt Rote Grütze (Rezept Seite 160) oder Apfelmus (Rezept Seite 151).

171

Der Diebesturm von Michelstadt

Die frisch gebackenen Waffeln duften herrlich.

Eintauchen in die Vergangenheit im Geo-Naturpark

Ruhe genießen, Landschaft erleben oder kulinarische Gaumenfreuden

Zwischen Rhein, Main und Neckar erstreckt sich die malerische und geschichtsträchtige Landschaft des Geo-Naturparks Bergstraße-Odenwald. Sie ist geprägt von mehr als 500 Millionen Jahren bewegter Erdgeschichte, einem facettenreichen Naturraum, Jahrtausende alter Kultur und nicht zuletzt von der ursprünglichen Gastfreundschaft der Menschen, die zahlreiche Besucher anlockt. Mehr als 30 Erlebnispfade laden dazu ein, die Region auf eigene Faust zu erkunden. Der »Wein- und Stein-Erlebnispfad« etwa führt durch die reizvolle Kulturlandschaft vor den Toren Heppenheims. Auf der Strecke erfährt der Wanderer Wissenswertes zu den Themen Wein, Rebsorten, Geologie, Boden, Klima, Geschichte, Lebenskultur sowie Flora und Fauna der Region.

Informationszentren, Eingangstore und Geopunkte bieten mit Broschüren, Informationstafeln und Veranstaltungsangeboten reichhaltiges Hintergrundwissen für Entdeckungsreisen in Kultur und Landschaft. Unter dem Motto »Natur mit dem Profi« führen auf Wunsch auch erfahrene Ranger durch den Geo-Naturpark: Landschaftsführungen und familiengerechte Natur- und Umweltthemen gehören ebenso zum Angebot wie Touren unter dem Motto »Geo und Genuss«. Wer einen Einblick in die Region und ihre Bewohner bekommen möchte, kann sich auch von eigens ausgebildeten Bewohnern führen lassen. Die Geopark-Vor-Ort-Begleiter erzählen Geschichten, die in keinem Reiseführer zu finden sind.

Aus einem alten, zusammengebrochenen Apfelbaum wird ein neuer Lebensraum für allerlei Tiere.

Ein Geopark-Ranger zeigt Kindern wie Fossilienfunde präpariert werden.

Einer der spektakulärsten Orte im Geo-Naturpark ist das Felsenmeer im Lautertal: ein Fenster in die Erdgeschichte. Der Sage nach entstand es vor langer Zeit
im Streit zweier Riesen, die sich mit Felsblöcken bewarfen. Wenn man ganz leise
ist, so heißt es, kann man noch heute das Wimmern der unter den Steinen be-
grabenen Giganten hören. Wer sich lieber an Fakten hält, kann sich hier über die
geologischen Prozesse informieren, in deren Verlauf das Felsenmeer in etwa 340
Millionen Jahren entstand. Oder er erkundet das Leben der römischen Steinmetze,
die hier im 3. und 4. Jahrhundert ihre Spuren hinterließen. Die Felsenmeer-Füh-
rer bieten eine Reihe besonderer Exkursionen an und auf die Kinder warten die
Felsenmeer-Kobolde mit einem bunten Programm.

Als eine von weltweit 66 Regionen ist der Geo-Naturpark Mitglied im Globalen
Geopark-Netzwerk der UNESCO. Neben den Welterbestätten Lorsch und Grube
Messel, dem Felsenmeer im Lautertal und der Tropfsteinhöhle in Buchen-Eber-
stadt laden zahlreiche weitere Highlights der 105 Mitgliedskommunen ein, die
Region Odenwald und Bergstraße zu entdecken.

*Schiffe bauen aus Naturmaterial – eine beliebte Aktion im Rahmen
von Familien-Erlebnistagen mit den Geopark-Rangern, bei der
nicht nur kleine Baumeister ihren Spaß haben.*

173

*Der Steinbruch Leferenz bei Dossenheim – Zeuge einer
Vulkankatastrophe vor 290 Millionen Jahren*

Rotwein-Zwetschgen

Thomas Löw, Odenwald-Gasthaus »Zum Löwen«, Brombachtal

400 g frische Zwetschgen	waschen, halbieren, entkernen und mit 150 g von
250 g Zucker	vermischen. Die übrigen 100 g Zucker in eine große Pfanne geben und leicht karamellisieren lassen. Mit
100 ml Rotwein	ablöschen.
Je 1 Zimtstange, Sternanis	
2 Nelken	hinzugeben und solange bei kleiner Flamme kochen lassen, bis der Zucker sich aufgelöst hat. Nun die Zwetschgen dazugeben, kurz aufkochen lassen. Etwas abkühlen lassen,
2 cl Kreiswälder Zwetschgenbrand	zugeben und kalt stellen.

174

> *Die Rotwein-Zwetschgen passen sehr gut zum warmen Kartoffelpudding (Rezept Seite 175) oder zu Waffeln.*

Der Albans-Altar in der evangelischen Kirche in Kirchbrombach. Er wurde um 1510 in der Werkstatt Matthias Grünewalds gefertigt. Im Mittelpunkt steht der Heilige Alban von Mainz, der dort bei einem Angriff der Vandalen enthauptet und hernach zum Schutzpatron der Stadt erhoben wurde.

Herrlich gelb blüht der Topinambur, aus dessen Wurzelknollen ein wunderbar aromatischer Edelbrand hergestellt werden kann.

Warmer Kartoffelpudding

Thomas Löw, Odenwald-Gasthaus »Zum Löwen«, Brombachtal

250 g Kartoffeln (mehlig kochend)	waschen und als Pellkartoffel in
Salzwasser	gar kochen. Das Wasser abschütten und die Kartoffeln noch heiß schälen. Dann durch eine Kartoffelpresse drücken.
1 EL Mandeln (gehobelt)	in einer trockenen Pfanne hellbraun anrösten.
Je 80 g Butter, Zucker	und
1 Msp. Salz	in einer großen Schüssel schaumig rühren.
2 Eier	trennen. Die Eigelbe in die Schüssel geben. Das Eiklar zur Seite stellen.
1 Vanilleschote	der Länge nach halbieren und das Mark mit dem Messerrücken herauskratzen. Ebenfalls in die Schüssel mit der Buttermischung geben und alles gut vermengen. Jetzt die durchgepressten Kartoffeln zugeben und untermischen.
1 Prise Zimt	zugeben, dann das Eiklar sehr steif schlagen und unterheben. 4 Soufflé-Förmchen mit flüssiger
Butter	ausstreichen und mit
Zucker	einstreuen. Die Kartoffelpudding-Masse einfüllen und die Förmchen in einem Wasserbad bei 180 °C etwa 20 Minuten im vorgeheizten Ofen pochieren. Den Pudding aus dem Ofen holen und aus dem Wasserbad nehmen. Vorsichtig aus den Förmchen stürzen und anrichten.

175

Dazu werden geschlagene Sahne und Rotwein-Zwetschgen gereicht (Rezept Seite 174).

Die Waldspirale – das Darmstädter Hundertwasserhaus

Odenwälder Kräppel

500 g Mehl	in eine große Schüssel geben, in der Mitte eine Vertiefung machen und dahinein
250 ml Milch (handwarm)	und
60 g Zucker	geben. Darin
1 Würfel Hefe	auflösen und an einem warmem Ort zugedeckt 20 Minuten gehen lassen. Dann
1 Ei	
1 Prise Salz	und
100 g Butter (flüssig)	zugeben und kräftig kneten. Eventuell noch etwas Mehl zugeben. In der Schüssel wieder gehen lassen, bis der Teig doppelt so groß ist. Dann daraus Kräppel formen. Diese auf ein bemehltes Brett setzen und wieder gehen lassen. Dann in schwimmendem
Fett	von beiden Seiten goldbraun backen. Herausnehmen, abtropfen lassen und noch heiß in
Kristallzucker	wälzen.

176

Die traditionellen Odenwälder Kräppel werden drei- oder viereckig geschnitten. In die Mitte wird ein Schlitz geschnitten und etwas auseinander gezogen. Dann gehen lassen und backen. Die »Geschlitzte« werden nicht im Zucker gewälzt. Wichtig bei gezuckerten Kräppel: Nur Kristallzucker hält die Kräppel frisch, daher keinen Puderzucker verwenden.

Die Odenwälder Kräppel – auch als »Geschlitzte« bezeichnet, werden geschnitten und mit einem Schlitz versehen.

Kartoffel-Schokoladen-Lebkuchen

Von Dieter Mohr, Odenwald-Gasthaus »Mümlingstube«, Erbach

50 g Zitronat	und
50 g Orangeat	fein hacken.
225 g Pellkartoffeln (vom Vortag)	durch den Fleischwolf lassen oder fein reiben.
3 Eier	mit
375 g Zucker	sehr cremig rühren. Zitronat, Orangeat und Kartoffeln sowie
1 TL Zimt	
250 g Haselnüsse (gemahlen)	
1½ TL Backpulver	und
1 TL Lebkuchengewürz	zur Eimasse geben, vorsichtig unterheben. Mit zwei Teelöffeln kleine Häufchen auf
Backoblaten (rund)	setzen und 1 Stunde trocknen lassen. Im vorgeheizten Backofen bei 175 °C etwa 20 Minuten backen. Nach dem Auskühlen die Kartoffel-Lebkuchen mit
Schokoladenglasur	überziehen.

177

Küchengefäße anno dazumal

Die Glücksfabrik – von der Elfenbein-Manufaktur über die Erfindung der Schneekugel zur Zukunftswerkstatt

Odenwälder Lebkuchen

450 g Honig	mit
100 ml Wasser	erwärmen und gut flüssig werden lassen.
400 g Roggenmehl	und
600 g Weizenmehl	mit
20 g Lebkuchengewürz	und
20 g Natron	mischen und mit dem Honig zu einem Teig verkneten. Der Teig ist und bleibt sehr klebrig. Eventuell noch etwas mehr Mehl dazugeben. Den Teig in einer Schüssel 1 bis 3 Tage reifen lassen, damit sich die Aromen der Gewürze besser verteilen. Den Teig dann ausrollen. Man kann ihn nun mit einer Herzform ausstechen. Gebacken wird bei 160 bis 170 °C etwa 15 bis 20 Minuten.

Backtemperatur und Backzeit muss man austesten. Die Lebkuchen dürfen beim Backen nicht hart werden. Wer eine alte Lebkuchenmodel hat, kann den Teig in diese drücken und dann die Herzen ausstechen.

178

Altes Rezeptbüchlein vom Opa Treusch

Hier werden die Odenwälder Lebkuchen gebacken.

Apfelweintorte

Von Lisa Edling, Weingut Edling, Roßdorf

250 g Mehl	
je 125 g Zucker, Butter	
1 Ei	
1 gestr. TL Backpulver	und
1 Pck. Vanillezucker	zu einem glatten Teig verkneten. Drei Viertel des Teiges so ausrollen, dass der Boden einer Springform damit belegt ist. Den restlichen Teig zu einer Rolle formen und am Rand der Springform hoch drücken.
1½ kg Äpfel	schälen, vierteln und das Kerngehäuse herausschneiden. Die Äpfel in dünne Scheiben schneiden und in der Form verteilen.
750 ml Apfelwein	
250 g Zucker	und
2 Pck. Vanillepudding	aufkochen und auf die Äpfel verteilen. Den Kuchen in den auf 175 °C vorgeheizten Backofen schieben und 90 Minuten backen.
250 ml Sahne	mit
1 Pck. Sahnesteif	steif schlagen und auf dem ausgekühlten Kuchen verteilen. Vor dem Servieren mit
Zimt	bestäuben.

179

*Der romantische Eutersee
bei Schöllenbach*

*Der Bembel und das Gerippte –
die traditionellen Apfelweingefäße*

Rhabarberkuchen mit Streusel

Der Boden

240 g Mehl	mit
½ TL Backpulver	vermischen und mit
80 g Butter (weich)	
50 g Zucker	und
1 Ei, 1 Eigelb	zu einem Teig kneten und in Klarsichtfolie verpackt 1 Stunde ruhen lassen. Den Teig gleichmäßig ausrollen und in eine gebutterte und mit Mehl bestäubte Tarteform legen.

Die Füllung

400 g Rhabarber	schälen und in kleine gleichmäßige Stücke schneiden. Diese in gesüßtem Wasser blanchieren. Den Rhabarber etwas abkühlen lassen und auf dem Teig verteilen.
150 ml Sahne	mit
150 ml Milch	
60 g Zucker	
4 Eigelb	
1 TL Ingwerwurzel (fein gewürfelt)	und
1 Msp. Zimt (gemahlen)	vermischen und über den Rhabarber gießen.

180

Die Streusel

Die Zuckermenge ist bei Rezepten mit Rhabarber immer Geschmacksache und hängt von der Säure des Rhabarbers ab.

100 g Mehl	
50 g Zucker	
60 g Butter	und
1 Msp. Vanillemark	für die Streusel miteinander verkneten und verrebbeln, so dass unterschiedlich große Streusel entstehen. Diese über dem Kuchen verteilen und mit
20 g Zucker (braun)	bestreuen. Bei 200 °C Ober- und Unterhitze auf der unteren Schiene etwa 30 Minuten backen.

Buttermilch-Mandelkuchen

Von Christoph Bertsch, Odenwald-Gasthaus »Zum Schützenhof«, Reichelsheim-Gumpen

150 g Zucker

300 ml Buttermilch

600 g Mehl

> *Dazu schmeckt ein Sirup aus Beeren, z.B. schwarze Johannisbeeren oder Himbeeren.*

1½ Pck. Backpulver   mit dem Mark aus

1 Vanilleschote   zu einem glatten Rührteig verarbeiten. Diesen auf ein gefettetes Backblech oder eine gefettete Springform verteilen.

4 EL Mandelblättchen

100 g Haselnüsse (gemahlen)   mit

150 g Zucker   vermischen und auf dem Kuchenteig verteilen. Bei 175 °C etwa 40 Minuten backen. Direkt nach dem Backen den Kuchen mit einer Nadel oder Gabel vielfach einstechen und mit

181

150 ml Sahne   übergießen. Beim Anrichten mit

Puderzucker   bestäuben.

Kiefernwald im Ried zwischen Odenwald und Rhein

Die herben schwarzen Johannisbeeren ergeben einen aromatischen Likör oder Sirup.

Ein Backtag auf einem Odenwälder Bauernhof

Im Odenwald wird auch heute noch auf vielen Bauernhöfen Brot gebacken. In einigen Orten gibt es noch oder wieder errichtete Backhäuser, in denen jeder sein Brot backen kann. Wie zum Beispiel in Wald-Amorbach finden in diesen Orten auch »Bakkesfeste« statt. Hier lebt eine alte Tradition weiter – im Steinofen gebackenes Brot ist etwas wirklich Besonderes.

Die Backöfen sind in der Regel aus Backstein gemauert und mit Schamott ausgekleidet. Viele Öfen haben zwei Etagen: in der unteren wird das Feuer gemacht, wodurch die obere mit beheizt wird. Einige Scheite Tannenholz werden langsam

Das Brot ist fertig gebacken.

Der Brotteig wird geknetet.

abgebrannt, was ungefähr vier Stunden dauert. Die heiße Glut wird dann herausgekratzt und der Backraum mit einem nassen Besen sauber gewischt. Jetzt ist der Ofen zum Backen bereit.

Das Odenwälder Bauernbrot wird hauptsächlich aus Roggenmehl hergestellt, manchmal mit einem kleinen Anteil an Weizenmehl. Der Teig wird mit Sauerteig zubereitet, der am Vorabend bereits angesetzt und vermehrt wurde. Das entspricht oft einem über viele Jahre entwickelten Ritual. Die Raumtemperatur – und auch die Außentemperatur – spielen bei der Teigherstellung eine entscheidende Rolle. Nur mit entsprechender Routine und Sorgfalt gelingen gleichmäßige Brote. Der Sauerteig gibt dem Bauernbrot das einzigartige Aroma und den typischen Geschmack.

Auf dem Käsrah-Hof in Reichelsheim-Gumpen bäckt Christel Schwöbel auch heute noch nach dem überlieferten Rezept ihrer Großmutter. Damit das Brot gut gelingt, muss der Backofen immer voll sein. Dafür ist eine entsprechende Teigmenge notwendig: drei Eimer warmes Wasser, sieben Würfel Hefe, etwa zwei Kilogramm Sauerteig, etwa 750 Gramm Salz und rund 45 Kilogramm Roggenmehl Type 805. Diese Menge ergibt 18 Laibe zu je drei Kilogramm. Der Teig muss kräftig geknetet werden. Dann sollte er ein bis eineinhalb Stunden ruhen und gehen. Die Brote werden dann noch einmal von Hand geknetet, in Gärkörbe gesetzt und müssen dort nochmals eine Stunde gehen. Die Brote werden nun aus dem Gärkorb auf den Schieber gesetzt, mit etwas Mehl und Wasser eingepinselt und in den Ofen geschoben. Nach einer Stunde tauschen die Brote die Ofenplätze, die untere Etage wird nach oben gesetzt und umgekehrt. Nach einer weiteren halben Stunde sind die Brote fertig. Zum Auskühlen werden sie wieder auf die Gärkörbe gesetzt. Die Restwärme des Ofens reicht noch zum Backen von Blechkuchen und den Backhauskartoffeln.

Für alle ist es ein schönes Gefühl, wenn die Brote gelungen aus dem Ofen kommen. Der Hof duftet den ganzen Tag nach Brotbacken. Am Abend gibt es frisches, knuspriges Brot mit Schinken und Hausmacher Wurst oder Butter und Latwerge. Früher durften, oder mussten, auch die Kinder beim Teigkneten helfen. Oft wurden Geldstücke als Anreiz für die Kinder im Teig versteckt, so dass sie so lange kneteten, bis alle gefunden waren.

Das Brot kann nun aus dem Ofen.

Odenwälder Riwwelkuchen

Der Teig

500 g Mehl	in eine große Schüssel geben und in der Mitte eine Vertiefung drücken.
30 g Hefe	mit
2 EL Zucker	in
200 ml Milch	anrühren und in die Mulde geben. Etwas Mehl darüber stäuben, ein Tuch über die Schüssel decken und 20 Minuten gehen lassen.
125 g Zucker	flüssig machen und mit
2 Eier	und
1 TL Salz	zum Teig geben und alles zusammen richtig gut verkneten. Eventuell mit Mehl die Festigkeit des Teiges korrigieren. Den Teig wieder in die Schüssel geben und zugedeckt bis zum doppelten Volumen gehen lassen. Den Teig dann ausrollen und auf einem gebutterten Backblech auslegen.

184

Die Streusel

400 g Mehl	
200 g Zucker	
150 g Butter	
1 TL Vanillezucker	und
1 Msp. Zimt	vermischen, so dass krümelige Streusel entstehen. Diese auf dem Kuchen gleichmäßig verteilen. Den Kuchen nochmals 20 Minuten gehen lassen und dann bei 220 °C in den Backofen schieben. 30 bis 40 Minuten backen.

Wasserfall am Rodenstein

> *Man kann den Kuchen auch
> mit Apfel, Birnen, Rhabarber,
> Kirschen oder Zwetschgen belegen
> und darauf die Streusel verteilen.*

Versunkener Apfelkuchen

5 Eier	und
250 g Zucker	in einer Schüssel sehr gut schaumig rühren.
250 g Butter	leicht erwärmen, so dass sie weich wird. Diese dann mit dem
Schalenabrieb 1 Zitrone	unter die Ei-Zucker-Masse rühren. Darauf
250 g Mehl	und
1 TL Backpulver	sieben und gut unterheben. Eine Springform mit
Butter	ausstreichen und mit
Semmelbrösel	ausstreuen. Die Masse einfüllen.
4 Äpfel	schälen, halbieren und das Kerngehäuse ausschneiden. Die Apfelhälften fächerartig einritzen, auf den Teig setzen und etwas eindrücken. Mit
Mandelblättchen	bestreuen. Im vorgeheizten Ofen bei 170 °C etwa 30 Minuten backen.

185

Das Rezept können Sie auch mit Birnen, Pfirsichen, Aprikosen oder Zwetschgen ausprobieren.

Ernte im Apfel-Weinberg

Bembel with care – die neue, freche Apfelwein-Präsentation

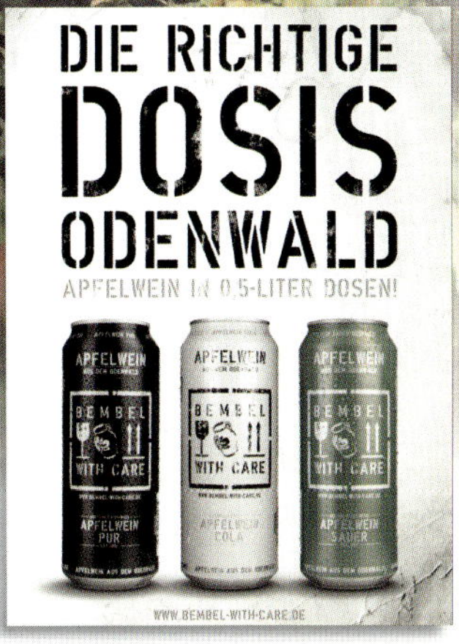

Weincreme-Charlotte (Weincremetorte)

Von Lisa Edling, Weingut Edling, Roßdorf

Die Biskuitrolle

> *Dazu schmeckt ein fruchtiger restsüßer Wein – wie z.B. »Calcit« – sehr gut.*

4 Eigelb	mit
125 g Zucker	und
1 Pck. Vanillezucker	schaumig schlagen.
100 g Mehl	
1 Pck. Vanillepudding	und
1 TL Backpulver	untermengen.
4 Eiklar	mit
1 Prise Salz	ganz steif schlagen und anschließend vorsichtig unter die Masse heben. Den Teig auf ein mit Backpapier ausgelegtes Blech streichen und im vorgeheizten Ofen bei 180 °C etwa 15 Minuten backen. Der Teig muss durch, aber noch sehr luftig sein. Die Teigplatte auf ein feuchtes Tuch stürzen. Auf der noch warmen Teigplatte
4 EL Johannisbeergelee	verstreichen und zu einer Roulade aufrollen. Diese ganz abkühlen lassen und dann in dünne Scheiben schneiden. Eine tiefe Schüssel komplett mit Frischhaltefolie auslegen und die Biskuitrollen eng aneinander hineinlegen.

Die Creme

6 Blatt Gelatine	in kaltem Wasser einweichen.
250 ml Weißwein (fruchtig)	mit
100 g Zucker	
1 EL Zitronensaft	und
1 Prise Salz	erwärmen und darin die ausgedrückte Gelatine auflösen. Diese nun auskühlen lassen und ab und zu umrühren.
⅜ l Sahne	sehr steif schlagen und dann unter den Weißwein heben. Für etwa 30 Minuten in den Kühlschrank stellen, damit die Creme schon etwas fest wird. Dann diese Creme in die mit den Biskuitrollen ausgelegte Schüssel füllen, glatt streichen und über Nacht in den Kühlschrank stellen. Zum Servieren wird die Charlotte auf eine Tortenplatte gestürzt und die Folie abgezogen.

Schnee auf den Odenwaldhöhen

Käsekuchen

225 g Mehl	mit
1½ TL Backpulver	vermischen.
100 g Zucker	
3 Eigelb	und
100 g Butter oder Margarine	zugeben und zu einem Teig kneten. Drei Viertel des Teiges ausrollen und damit den Boden einer gefetteten Springform belegen. Den restlichen Teig mit
1 EL Mehl	verkneten und damit den Rand andrücken. Im vorgeheizten Ofen bei 170 °C etwa 20 Minuten vorbacken.
400 ml Milch	
Zitronenschalenabrieb	und
200 g Zucker	in einem Topf zum Kochen bringen.
2 Pck. Vanillepudding	mit
100 ml Milch	glatt rühren und unter die kochende Milch geben. Gut durchkochen lassen.
750 g Quark (20% Fett)	zugeben und unter ständigem Rühren aufkochen lassen.
3 Eiklar	steif schlagen und unter die heiße Quarkmasse heben. Dann sofort in die Springform geben und glatt streichen.
1 Eigelb	und
1 EL Milch	miteinander verrühren und damit die Oberfläche bestreichen. Im Ofen bei 150 °C etwa 60 Minuten backen.

187

Wie im Lied »Tief im Odenwald« –
von des Bergeshöhn kann man Städtchen seh'n!

Ein aromatisches Walderdbeerchen wartet darauf, genascht zu werden.

Begriffserläuterungen

Ablöschen	Das Angießen von scharf angebratenem oder geschmortem Fleisch oder Gemüse.
Abschmecken	Eine Speise mit den Grundgewürzen Salz, Pfeffer, Zucker usw. nach eigenem Geschmack würzen.
Andünsten/Anschwitzen	Ein Lebensmittel in heißem Fett leicht rösten, ohne es zu braten. Das Lebensmittel soll nur glasig werden, z. B. Zwiebeln.
Ausbraten/Auslassen	Den Speck so lange braten, bis das Fett herausgebraten ist.
Blanchieren	Zutaten in einem Topf mit kochendem Wasser geben und kurz köcheln lassen. Danach im kalten Wasser abschrecken.
Glacieren	Die Zutat wird mit Butterschmalz oder Butter in einer Pfanne so erhitzt, dass sie schön glänzt und nicht braun wird. Man kann noch etwas Zucker zugeben, was den Glanz noch etwas verstärkt.
Marinieren	Ist das Einlegen von Lebensmitteln in eine gewürzte Flüssigkeit, um der Speise einen besonderen Geschmack und bessere Haltbarkeit zu verleihen.
Mehlschwitze	Traditionelles Bindemittel von Suppen und Saucen (Fett zerlassen und Mehl einrühren).
Parieren	Das Entfernen von Fett, Sehnen und Haut bei Fleisch. Durch Sehnen und Haut zieht sich das Fleisch beim Anbraten stark zusammen. Damit wird kostbarer Fleischsaft rausgepresst.
Passieren	Flüssigkeiten durch ein Sieb oder Tuch geben.
Pochieren	Ist das Garen in einem Fond bei niedriger Temperatur. In Öl sind das etwa 120 °C, in Wasser oder einem ähnlichen Fond wären es etwa 90 bis 95 °C.
Pürieren	Ein gares Lebensmittel wird stark zerkleinert. Früher war hierfür in vielen Haushalten die »Flotte Lotte« ein beliebtes Haushaltsgerät, z. B. um Apfelmus herzustellen.
Reduzieren	Flüssigkeit fast vollständig verkochen lassen (einkochen).
Schieres Kalbsfleisch	Fleisch von Fett und Sehnen befreit.
Stocken lassen	Das Garen von Eiern oder Eimasse, bei mäßiger Hitze im Topf oder Wasserbad, ohne dabei das Gargut umzurühren.
Vinaigrette	Ein Drittel Öl, ein Drittel Essig, ein Drittel Wasser, mit Salz, Pfeffer und Zucker würzen. Weitere Zutaten sind Senf, Kräuter, Schalotten und/oder feine Gemüsewürfel.
Wasserbad	Ist eine Methode, um Speisen indirekt mit Hitze zu versorgen. Dabei wird der Topf mit den Speisen in einen anderen Topf mit heißem Wasser auf den Herd gestellt.
Zur Rose schlagen	Eine Eigelbcreme wird in einer Schüssel im Wasserbad heiß gerührt oder geschlagen, bis das Eigelb die Creme oder Soße bindet.

Maße und Gewichte

1 gestr. EL Fett	15 g		1 Liter	1000 ml / 1000 ccm
1 gestr. EL Mehl	10 g		¾ Liter	750 ml / 750 ccm
1 geh. EL Mehl	15 g		½ Liter	500 ml / 500 ccm
			⅜ Liter	375 ml / 375 ccm
1 kleine Zwiebel	30 g		¼ Liter	250 ml / 250 ccm
1 mittlere Zwiebel	50 g		⅛ Liter	125 ml / 125 ccm
1 große Zwiebel	70 g			
			1 TL	5 ml
1 kleine Kartoffel	70 g		1 EL	15 ml
1 mittlere Kartoffel	120 g		1 Schnapsglas	20 ml / 2 cl
1 große Kartoffel	180 g		1 Tasse	150 ml
½ kg	500 g			
1 kg	1000 g			

Abkürzungen

Msp.	Messerspitze
EL	Esslöffel
geh. EL	gehäufter Esslöffel
gestr. EL	gestrichener Esslöffel
TL	Teelöffel
geh. TL	gehäufter Teelöffel
gestr. TL	gestrichener Teelöffel
g	Gramm
kg	Kilogramm
ml	Milliliter
cl	Zentiliter
l	Liter
ccm	Kubikzentimeter
Pck.	Päckchen
°C	Grad Celsius

Rezeptregister, alphabetisch

190

191

192

Rezeptregister, nach Kapiteln

194

Wärme

Wellness

Wohlbefinden

Gemüsegerichte und Beilagen

Fleischgerichte

Wir sagen: „Unsere Heimat kann man schmecken!"

Fischgerichte

Schnelle Hauptgerichte

197

198

Bildquellennachweis

Umschlag vorne: (o.l.) Kessel, Johannes/OTG; (o.M.) Kessel, Johannes/OTG; (o.r.) Kessel, Johannes/OTG; (M.) Kessel, Johannes/OTG; (u.l.) Holuscha, Hanne/OTG; (u.M.) Weber, Dr. Jutta/Geo-Naturpark; (u.r.) AT; **Umschlag hinten:** (o.l.) Landratsamt Miltenberg/OTG; (o.M.) Kumpf, Oliver/OTG; (o.r.) Stadt Erbach/OTG; (u.l.) Kessel, Johannes/OTG; (u.M.) Zörgiebel, Arnold; (u.r.) Rau, Christoph (www.christoph-rau.de)/OTG; **Seite 3:** (gr) Edition Limosa; **4:** (kl) Haak/AT; **5:** (kl) Kessel, Johannes/Kreisausschuss Odenwaldkreis; **6:** (gr) Heidelberg Marketing GmbH, (kl) Stadt Erbach; **8:** (kl) Gem. Reichelsheim/OTG; **9:** (gr) Niebel, Karlheinz/Gem. Reichelsheim, (kl) AT; **10:** (kl) AT; **11:** (gr) Kessel, Johannes/OTG; **12:** (gr) Holuscha, Hanne/OTG, (kl) Sattler, Dr. Peter W.; **13:** (gr) Tilly, Rolf, (kl) AT; **14:** (kl) Stadt Erbach/OTG; **15:** (gr) AT, (kl) Sattler, Dr. Peter W.; **16:** (kl) Gem. Neckarzimmern/OTG; **17:** (gr/kl) Schuldes, Rudolf/AT; **18:** (kl) Sattler, Dr. Peter W.; **19:** (kl) Sattler, Dr. Peter W.; **20:** (kl) Schmidt, Angela (Obla Design)/OGH; **21:** (gr) OGH, (kl) Schmidt, Angela (Obla Design)/OGH; **22:** (gr) Zörgiebel, Arnold, (kl) AT; **23:** (kl) Rau, Christoph (www.christoph-rau.de)/OTG; **24:** (kl) Disser, Thomas/OREG; **25:** (kl) Baumann, Dieter; **26:** (kl) Gem. Fränkisch-Crumbach/OTG; **27:** (kl) TI Buchen/TI Buchen; **28:** (gr) März, Ludwig/TSB, (kl) Friedel, Hugo; **29:** (gr) Holuscha, Robert/OTG, (kl) AT; **30:** (gr) Kessel, Johannes/OTG, (kl) Schmidt, Angela (Obla Design)/OGH; **31:** (gr) Rau, Christoph (www.christoph-rau.de)/OTG, (kl) Merkel, Peter; **32:** (gr) Rau, Christoph (www.christoph-rau.de)/OTG, (kl) Freilandmuseum Gottersdorf; **33:** (gr) Freilandmuseum Gottersdorf, (kl) Sattler, Dr. Peter W.; **34:** (kl) Schuldes, Rudolf/AT; **35:** (gr) Rau, Christoph (www.christoph-rau.de)/OTG, (kl) Freilandmuseum Gottersdorf; **36:** (gr) Fritz, Gerhard; **37:** (gr) Kessel, Johannes/OTG, (kl) Sundermann, Kirsten; **38:** (gr) Kaffenberger, Rainer/OREG, (kl) Kaffenberger, Rainer/OREG; **39:** (gr) Gem. Lautertal/OTG, (kl) AT; **40:** (gr) Deppert, Alex/Wissenschaftsstadt Darmstadt, (kl) Stadt Mosbach/OTG; **41:** (gr) Zörgiebel, Arnold, (kl) Stadt Erbach; **42:** (kl) AT; **43:** (gr/kl) Herold, Hans; **44:** (gr) Kaffenberger, Rainer/OREG, (kl) Schuldes, Rudolf/AT; **45:** (gr) Kessel, Johannes/Gräfliche Rentkammer Erbach; (kl) Holuscha, Hanne/OTG; **46:** (gr) Molkerei Hüttenthal, (kl) Weber, Dr. Jutta/Geo-Naturpark; **47:** (gr) Rau, Christoph (www.christoph-rau.de)/OTG; **48:** (kl) Stadt Groß-Umstadt; **49:** (gr/kl) Molkerei Hüttenthal; **50:** (kl) Molkerei Hüttenthal; **51:** (gr) Rau, Christoph (www.christoph-rau.de)/OTG, (kl) Schuldes, Rudolf/AT; **52:** (kl) Regionalmuseum Reichelsheim; **53:** (gr) Regionalmuseum Reichelsheim, (kl) Zörgiebel, Arnold; **54:** (kl) Schuldes, Rudolf/AT; **55:** (gr) Zörgiebel, Arnold, (kl) Friedel, Hugo; **56:** (kl) Kessel, Johannes/Gräfliche Rentkammer Erbach; **57:** (gr) Baumann, Dieter, (kl) Merkel, Peter; **58:** (kl) Sundermann, Kirsten; **59:** (kl) Mackenbach, Volker/OTG; **60:** (gr) AT, (kl) Trautmann, Adolf/OTG; **61:** (gr) Christoph Bertsch/Pressedienst Odenwaldkreis, (kl) Kessel, Johannes/Gräfliche Rentkammer Erbach; **62:** (gr) Gem. Grasellenbach, (kl) Golfclub Odenwald e.V.; **63:** (gr) Gohlke, Sylvia, (kl) Sundermann, Kirsten; **64:** (gr) Emmerich, Martina, (kl) Holz, Jo/OTG; **65:** (kl) TI Buchen; **66:** (kl) Emmerich, Martina; **67:** (gr) DEHOGA Odenwaldkreis, (kl) Pressedienst Odenwaldkreis; **68:** (kl) Götzinger, Werner; **69:** (gr) Gemeindearchiv Reichelsheim, (kl) Schuldes, Rudolf/AT; **70:** (gr) Holuscha, Hanne/OTG; **71:** (gr) Kaffenberger, Rainer/OREG, (kl) AT; **72:** (gr) Holuscha, Hanne/OTG, (kl) Johe, Klaus/Stadt Lindenfels; **73:** (gr) Kaffenberger, Rainer/OREG, (kl) Stadt Beerfelden/OTG; **74:** (kl) Hörnlein, Wolfgang (pdh)/Gem. Reichelsheim; **75:** (gr) Giesen, Renate/Gem. Reichelsheim, (kl) Hörnlein, Wolfgang (pdh)/Gem. Reichelsheim; **76:** (gr) Zörgiebel, Arnold, (kl) Stadt Bad König/OTG; **77:** (gr) Stadt Bad König/OTG; **78:** (gr) Landratsamt Miltenberg/OTG, (kl) Emmerich, Martina; **79:** (gr) Kumpf, Oliver/OTG, (kl) Sundermann, Kirsten; **80:** (kl) Sundermann, Kirsten; **81:** (gr) Schmidt, Angela (Obla Design)/OGH, (kl) Gem. Höchst (Elke Schwarz); **82:** (gr) Gem. Wald-Michelbach/OTG, (kl) Schuldes, Rudolf/AT; **83:** (gr) Holuscha, Hanne/OTG, (kl) Sundermann, Kirsten; **84:** (gr) Stadt Waldürn/OTG, (kl) TI Buchen; **85:** (kl) Rau, Christoph (www.christoph-rau.de)/OTG; **86:** (gr) Schnur, Horst, (kl) Sattler, Dr. Peter W.; **87:** (gr) Rau, Christoph (www.

christoph-rau.de)/OTG, (kl) Gem. Grasellenbach; **88:** (gr) Rau, Christoph (www.christoph-rau.de)/OTG, (kl) Gohlke, Sylvia; **89:** (gr) Eck, Juergen/TSB, (kl) Robra, Roland/TSB; **90:** (kl) Stadt Erbach; **91:** (gr/kl) Stadt Erbach/OTG; **92:** (kl) Stadt Erbach; **93:** (gr) Böhm, Christoph, (kl) Rietdorf, Jochen/Gem. Reichelsheim; **94:** (gr/kl) Stadt Bad König/OTG; **95:** (gr) Bauersachs, Mike/Stadt Amorbach, (kl) Gem. Wald-Michelbach/OTG; **96:** (gr) Stadt Groß-Umstadt, (kl) Disser, Thomas/OREG; **97:** (gr) Holuscha, Hanne/OTG, (kl) Schuldes, Rudolf/AT; **98:** (gr) Holuscha, Hanne/OTG, (kl) Eck, Juergen/TSB; **99:** (kl) März, Ludwig/TSB; **100:** (gr) Holuscha, Hanne/OTG, (kl) Huther, Sigbert/Huther & Karawassilis Bauplan GmbH; **101:** (gr) Rau, Christoph (www.christoph-rau.de)/OTG, (kl) März, Ludwig/TSB; **102:** (gr/kl) AT; **103:** (gr) Schuldes, Rudolf/AT, (kl) Häffner, Jürgen/Walz, Dieter; **104:** (kl) Gem. Fränkisch-Crumbach/OTG; **105:** (kl) Gem. Fränkisch-Crumbach/OTG; **106:** (gr) Rau, Christoph (www.christoph-rau.de)/OTG, (kl) Hahn, Peter/Flügge, Jürgen; **107:** (kl) März, Ludwig/TSB; **108:** (kl) Rietdorf, Jochen/Gem. Reichelsheim; **109:** (gr) Gem. Mossautal/OTG, (kl) Stadt Erbach/OTG; **110:** (kl) Schröbel, Oliver; **111:** (kl) Edling, Lisa/Weingut Edling GbR; **112:** (gr) Stadt Groß-Umstadt, (kl) März, Ludwig/TSB; **113:** (gr) Dörr, Achim/OTG, (kl) Holuscha, Hanne/OTG; **114:** (gr) AT, (kl) Stadt Schriesheim/TSB; **115:** (kl) Stadt Amorbach/OTG; **116:** (gr) Schuldes, Rudolf/AT, (kl) Stadt Erbach/OTG; **117:** (kl) Privat-Brauerei Schmucker; **118:** (kl) Keller, Christel/Keller, Bernd; **119:** (kl) Landratsamt Miltenberg/OTG; **120:** (gr) Schuldes, Rudolf, (kl) AT; **121:** (gr) Kessel, Johannes/OTG, (kl) Vöglin, Udo/Sattler, Dr. Peter W.; **122:** (kl) Schuldes, Rudolf/AT; **123:** (kl) AT; **124:** (gr) Holuscha, Hanne/OTG, (kl) Gem. Fürth; **125:** (gr) Deppert, Alex/Wissenschaftsstadt Darmstadt, (kl) Schröbel, Oliver; **126:** (kl) Stadt Erbach; **127:** (kl) Weber, Dr. Jutta/Geo-Naturpark; **128:** (kl) Gem. Fürth; **129:** (gr) Holuscha, Hanne/OTG, (kl) Gem. Zwingenberg/OTG; **130:** (kl) März, Ludwig/TSB; **131:** (kl) Holuscha, Hanne/OTG; **132:** (kl) AT; **133:** (kl) Kessel, Johannes/OTG; **134:** (kl) AT; **135:** (gr) März, Ludwig/TSB, (kl) AT; **136:** (kl) Schuldes, Rudolf/AT; **137:** (gr) Gem. Reichelsheim/OTG, (kl) AT; **138:** (kl) Schmidt, Angela (Obla Design)/OGH; **139:** (gr) Kohls, Astrid/Grube Messel, (kl) Weber, Dr. Jutta/Geo-Naturpark; **140:** (gr) Rau, Christoph (www.christoph-rau.de)/OTG, (kl) Stadt Beerfelden/OTG; **141:** (gr) Holuscha, Hanne/OTG, (kl) Gem. Wald-Michelbach/OTG; **142:** (kl) Stadt Waldürn/OTG; **143:** (gr) Kessel, Johannes/OTG, (kl) Gem. Fürth; **144:** (gr) Kumpf, Oliver/OREG, (kl) Kaffenberger, Rainer/OREG; **145:** Freilandmuseum Gottersdorf, (kl) Schuldes, Rudolf/AT; **146:** (gr) Kessel, Johannes/OTG, (kl) Schuldes, Rudolf/AT; **147:** (gr) Weber, Dr. Jutta/Geo-Naturpark, (kl) Gohlke, Sylvia; **148:** (kl) AT; **149:** (gr) Kessel, Johannes/OTG; **150:** (gr) Lang, Michel; **151:** (kl) Stadt Erbach; **152:** (gr) Kaffenberger, Rainer/OREG, (kl) Holuscha, Hanne/OTG; **153:** (gr) Kessel, Johannes/OTG, (kl) Reinhardt, Stefan/OREG; **154:** (gr) Kessel, Johannes/OTG, (kl) Edling, Lisa/Weingut Edling GbR; **155:** (kl) Fritz, Ludwig/Fritz, Gerhard; **156:** (gr) Fritz, Gerhard, (kl) AT; **157:** (kl) Stadt Mosbach/OTG; **158:** (gr) Stadt Hirschhorn/OTG, (kl) Molkerei Hüttenthal; **159:** (kl) Privat-Brauerei Schmucker; **160:** (gr) Geo-Naturpark, (kl) Stadt Groß-Umstadt; **161:** (gr) Stadt Michelstadt/OTG, (kl) Zörgiebel, Arnold; **162:** (kl) Schmidt, Angela (Obla Design)/OGH; **163:** (gr) AT, (kl) Geo-Naturpark; **164:** (gr) de Keersmaker, Mia/OTG, (kl) Sundermann, Kirsten; **166:** (kl) AT; **167:** (kl) Steff/Weingut Edling GbR; **168:** (gr) Rau, Christoph (www.christoph-rau.de)/OTG, (kl) Stadt Mosbach/OTG; **169:** (gr) Rau, Christoph (www.christoph-rau.de)/OTG, (kl) Holuscha, Hanne/OTG; **170:** (gr) AT/AT, (kl) Schuldes, Rudolf/AT; **171:** (gr) Kessel, Johannes/OTG, (kl) AT; **172:** (gr) Geo-Naturpark, (kl) Weber, Dr. Jutta/Geo-Naturpark; **173:** (gr/kl) Weber, Dr. Jutta/Geo-Naturpark; **174:** (gr) AT, (kl) Schuldes, Rudolf/AT; **175:** (kl) Deppert, Alex/Wissenschaftsstadt Darmstadt; **176:** (gr/kl) AT; **177:** (gr) Kaffenberger, Rainer/OREG, (kl) Bernhard Koziol GmbH & Co.; **178:** (gr) AT, (kl) Gemeindearchiv Reichelsheim; **179:** (gr) Holuscha, Hanne/OTG, (kl) AT; **180:** (kl) Bernhard Koziol GmbH & Co.; **181:** (gr) Weber, Dr. Jutta/Geo-Naturpark, (kl) Schuldes, Rudolf/AT; **182:** (gr/kl) AT; **183:** (kl) AT; **184:** (kl) Geo-Naturpark; **185:** (gr) Schmidt, Angela (Obla Design)/OGH, (kl) Bembel with care; **186:** (kl) Schuldes, Rudolf/AT; **187:** (gr/kl) Schuldes, Rudolf/AT

Erklärung:

AT (Treusch, Armin), OTG (Odenwald Tourismus GmbH), OGH (Odenwald-Gasthaus e.V.), TSB (Tourismus Service Bergstraße e.V.), OREG (Odenwald-Regional-Gesellschaft mbH), Geo-Naturpark (Geo-Naturpark Bergstraße-Odenwald), Grube Messel (UNESCO Welterbe Grube Messel gGmbH), TI Buchen (Tourist Information Buchen)